MEXICO

SOME POINTS OF INTEREST

- tijuana
- ensenada
- juarez
- la paz
- los cabos
- laredo
- mazatlan
- guanajuato
- tampico
- guadalajara
- puerto vallarta
- manzanillo
- mexico city
- veracruz
- cuernavaca
- puebla
- taxco
- ixtapa – zihuatanejo
- acapulco

IMPORTANT ADDRESSES AND INFORMATION

HOTEL ADDRESS:

_____   PHONE_____

_____

_____

EMBASSIES AND CONSULATES IN MEXICO:
US   305 Reforma, Mexico D.F. 06500
                Tel: (5) 211-0042
CANADA   529 Schiller, Mexico D.F. 11560
                Tel: (5) 254-3288

EMERGENCY INFORMATION:
Police   Dial 06
Fire   (5) 736-3700
Ambulance   (5) 557-5758 (Mexico City Red Cross)

FOR LOST TRAVELERS CHECKS OR CREDIT CARDS:
You can call the following numbers, or you can call collect via the international operator to any main office worldwide.
Amer. Express   (5) 598-7500
VISA   (5) 559-0323
Mastercard   (5) 588-4422

TOURIST INFORMATION:
Secretariat of Tourism
172 Presidente Masaryk, Mexico City   Tel; (5) 250-8555
Mexican National Tourist Council   Tel: (5) 533-0540
Tourist Protection Agency, 24 hr hotline Tel: (5) 250-0151

BANKS:
Money can be exchanged at banks, usually from 9am-1:30 pm or at exchange offices which are usually open for longer hours. Most hotels will also change money at the official rate.

POST OFFICES:
Hours are Monday-Friday 9am-7pm, Saturday 9am-1pm. You can also mail letters at most hotel desks.

BUSINESS HOURS:
Stores and businesses usually open by 10:00 am and close by 7:00 p.m. Offices generally close down for lunch from 2-4 p.m.

MUSEUMS:
Generally open from 10am-6:00 pm. Closed on Mondays. Discounts are usually offered on Sundays.

THE SPANISH OF MEXICO FOR TRAVELERS

BY

ROBERTO A. GONZALEZ

©

IN COLLABORATION WITH

ILISA B. WARNER

FIRST PRINTING, FEBRUARY, 1995.

DISTRIBUTION INFORMATION: UNIVERSAL BOOKS, INC.
2211 S. UNION AVE., LOS ANGELES, CA 90007
(213) 747-6603

©1994 ROBERTO A. GONZALEZ
ISBN 1-880196-01-8

PUBLIC AND RELIGIOUS HOLIDAYS

1/1	Ano Nuevo	(New Year's Day)
1/6	Dia de los Reyes	(Twelfth Night)
2/5	Dia de la Constitucion	(Constitution Day)
3/21	Birthday of Benito Juarez	(born 1806)
5/1	Dia del Trabajo	(Labor Day)
5/5	Anniv. – Battle of Puebla	(1862)
9/1	Dia de la Nacion	(National Day)
9/16	Dia de la Independencia	(Independ. Day)
10/12	Dia de la Raza	(Columbus Day)
11/1–11/2	Dia de los Muertos	(Day of the Dead)
11/20	Dia de la Revolucion	(Revolution Day)
12/12	Dia de la Virgin de Guadelupe (Feast of the Virgin Guadelupe)	
12/25	Navidad	(Christmas)

TABLE OF CONTENTS

AN APPROXIMATE PHONETIC SOUND OF THE VOWELS AND CONSONANTS 7

SECTION "A"—BASIC CONVERSATION, THE MONTHS, DAYS OF THE WEEK, A PHONE CALL, THE TIME, SOME IMPORTANT SIGNS TO REMEMBER, AND HOW TO FIND 9

SECTION "B"—THE TRIP—CUSTOMS, BY AIR, CAR, BUS AND TRAIN 27
(On a Cruise Ship, see Section "E")

SECTION "C"—AT THE HOTEL—ARRIVING, CONVERSATION, MONEY EXCHANGE, COMPLAINTS 37

SECTION "D"—AT THE RESTAURANT—ORDERING MEALS, AT THE BAR, ENTERTAINMENT 43

SECTION "E"—LEAVING THE HOTEL—PUBLIC TRANSPORTATION, TAXI, GOING SHOPPING, CONVERSATION, COLORS, CLOTHING SIZES, LOST ARTICLES, POLICE EMERGENCIES 57

SECTION "F"—HEALTH AND MEDICAL EMERGENCIES 65

SECTION "G"—A DICTIONARY—WORDS AND PHRASES TO HELP YOU GET BY IN MEXICO 69

AN APPROXIMATE PHONETIC SOUND OF THE VOWELS AND CONSONANTS

IN SPANISH THE LETTER:
- A IS PRONOUNCED AH AS IN FATHER (FAMILIA)
- E IS PRONOUNCED EH AS IN ECHO (ESTE)
- I IS PRONOUNCED EE AS IN FEE (FINO)
- O IS PRONOUNCED OH AS IN ROLL (ROJO)
- U IS PRONOUNCED OO AS IN BOOT (UNO)

CONSONANTS:
THE LETTER Ñ IS PRONOUNCED NY AS IN CANYON (MAÑANA)

G BEFORE THE LETTERS A, O AND U IS PRONOUNCED AS IN GO (GATO, GOMA, GUANTE;

ALSO BEFORE THE LETTERS E AND I, G SOUNDS AS THE H IN HEN (GENTE, GIRO)

LL SOUNDS LIKE THE Y IN YET (LLENO)

C IS PRONOUNCED K (CASA), BEFORE E AND I IS PRONOUNCED S (CENTRO), (CINCO)

H IS ALWAYS SILENT

Y IS EE AS IN FEED

THE LETTERS B AND V
IN THE SPANISH LANGUAGE THERE IS A DIFFERENCE IN THE PRONUNCIATION OF THESE TWO LETTERS, HOWEVER IN THE SPANISH AMERICAN COUNTRIES FOR SOME REASON THIS RULE IS NOT GENERALLY FOLLOWED. THEREFORE IN THIS PUBLICATION BOTH LETTERS WILL BE PRONOUNCED AS B.

THE LETTER E
ENGLISH SPEAKING PEOPLE HAVE A TENDENCY TO PRONOUNCE THE LETTER E IN SPANISH AS AY

GRANDE

GRAHN-DAY

(Please see next page)

IF YOU FIND IT EASIER TO PRONOUNCE IT THAT WAY, IT IS OK. HOWEVER, WITH A LITTLE EFFORT YOU CAN LEARN THE CORRECT PRONUNCIATION WHICH IS <u>EH</u> AS IN THE WORD <u>E</u>CHO IN ENGLISH.

THROUGHOUT THIS BOOK YOU WILL FIND A PART OF THE PHONETIC PRONUNCIATION UNDERLINED ... I.E., CASA (<u>KAH</u>-SAH). THE PURPOSE OF THIS IS TO <u>STRESS</u> THE SOUND BY PRONOUNCING IT <u>LOUDER</u>.

YOU WILL ALSO FIND THE WORD (Mexico) AFTER SOME WORDS AND PHRASES. THIS MEANS THAT SAID WORDS AND PHRASES ARE IDIOMATIC EXPRESSIONS OF MEXICO.

SECTION "A"

BASIC CONVERSATION, THE DAYS OF THE WEEK, THE MONTHS, A PHONE CALL, NUMBERS, THE TIME, SOME SIGNS TO REMEMBER AND HOW TO FIND ...

REMEMBER

E as in <u>E</u>CHO   A as in F<u>A</u>THER

BASIC CONVERSATION

THE WORD <u>THE</u> IN ENGLISH IS: EL, LA, LOS, AND LAS IN SPANISH.

	MASCULINE	FEMININE
SINGULAR	EL (EHL)	LA (LAH)
PLURAL	LOS (LOHS)	LAS (LAHS)

	MASCULINE	FEMININE
SINGULAR	UN (OON) and	UNA (<u>OO</u>-NAH) is A in English
PLURAL	UNOS (<u>OO</u>-NOHS) and	UNAS (<u>OO</u>-NAHS) some

	MASCULINE	FEMININE
SINGULAR	ESTE (<u>EHS</u>-TEH) and	ESTA (<u>EHS</u>-TAH) this
PLURAL	ESTOS (<u>EHS</u>-TOHS) and	ESTAS (<u>EHS</u>-TAHS) means these

BASIC CONVERSATION

THE USE OF COURTESY IS AS WELCOME IN THE SPANISH LANGUAGE AS IT IS IN ENGLISH—PLEASE TRY TO REMEMBER THE FOLLOWING WORDS:

PLEASE	POR FAVOR POHR FAH-<u>BOHR</u>
THANK YOU	GRACIAS <u>GRAH</u>-SEE/AHS*
YOU ARE WELCOME	DE NADA DEH <u>NAH</u>-DAH

*THE SLASH (/) DOES NOT MEAN TWO SYLLABLES; IT IS THERE ONLY TO FACILITATE READING.

I	YO EEOH
YOU	TU TOO
YOU (FORMAL)	USTED OOS-<u>TEHD</u>
HE, HIM, IT	EL EHL
WE (MASCULINE)	NOSOTROS NOH-<u>SOH</u>-TROHS
WE (FEMININE)	NOSOTRAS NOH-<u>SOH</u>-TRAHS
YOU (PLURAL) (Formal and Informal)	USTEDES OOS-<u>TEH</u>-DEHS
SHE	ELLA <u>EH</u>-YAH
THEY	ELLOS, ELLAS <u>EH</u>-YOHS, <u>EH</u>-YAHS
YES	SÍ SEE

BASIC CONVERSATION

NO	NO NOH
HELLO	HOLA <u>OH</u>-LAH
DO YOU SPEAK ENGLISH?	HABLA INGLÉS? <u>AH</u>-BLAH <u>EEN</u>-GLEHS?
I SPEAK A LITTLE SPANISH	YO HABLO UN POCO DE ESPAÑOL EEOH <u>AH</u>-BLOH OON <u>POH</u>-KOH DEH EHS-PAH-<u>NYOHL</u>
I DON'T UNDERSTAND	NO ENTIENDO NOH EHN-<u>TEE</u>/EHN-DOH
SLOW DOWN PLEASE	MAS DESPACIO POR FAVOR MAHS DEHS-<u>PAH</u>-SEEOH POHR FAH-<u>BOHR</u>
MY NAME IS	YO ME LLAMO EEOH MEH <u>YAH</u>-MOH
WHAT IS YOUR NAME?	COMO SE LLAMA USTED? <u>KOH</u>-MOH SEH <u>YAH</u>-MAH <u>OOS</u>-TEHD?
BYE	ADIOS AH-<u>DEEOHS</u>
I'LL SEE YOU	NOS VEMOS NOHS <u>BEH</u>-MOHS
I'LL SEE YOU TOMORROW	NOS VEMOS MAÑANA NOHS <u>BEH</u>-MOHS MAH-<u>NYAH</u>-NAH
COME HERE	VENGA ACÁ <u>BEHN</u>-GAH AH-<u>KAH</u>
JUST A MOMENT	UN MOMENTO OON MOH-<u>MEHN</u>-TOH

BASIC CONVERSATION

WAIT	ESPERE EHS-<u>PEH</u>-REH
I AM SORRY	LO SIENTO LOH <u>SEE/EHN</u>-TOH
DON'T WORRY ABOUT IT	NO TENGA QUIDADO NOH <u>TEHN</u>-GAH KOOEH-<u>DAH</u>-DOH
IT'S OK (FINE)	ESTA BIEN EHS-<u>TAH</u> BEE/EHN
IT WAS A MISTAKE	FUE UN ERROR FOOEH OON EH-<u>RROHR</u>
MY FAULT	MI CULPA MEE <u>KOOL</u>-PAH
IT DOESN'T MATTER	NO IMPORTA NOH EEM-<u>POHR</u>-TAH
EXCUSE ME FOR A MOMENT	DISPENSEME UN MOMENTO DEES-<u>PEHN</u>-SEH-MEH OON MOH-<u>MEHN</u>-TOH
CAREFUL	CUIDADO KOOEE-<u>DAH</u>-DOH
GOOD MORNING	BUENOS DIAS <u>BOOEH</u>-NOHS <u>DEE</u>-AHS
GOOD AFTERNOON	BUENAS TARDES <u>BOOEH</u>-NAHS <u>TAHR</u>-DEHS
GOOD EVENING and GOOD NIGHT	BUENAS NOCHES <u>BOOEH</u>-NAHS <u>NOH</u>-CHEHS
UNTIL TOMORROW	HASTA MAÑANA <u>AHS</u>-TAH MAH-<u>NYAH</u>-NAH
TODAY	HOY OHEE
YESTERDAY	AYER AH-<u>EE/EHR</u>

BASIC CONVERSATION

TOMORROW	MAÑANA MAH-<u>NYAH</u>-NAH
TODAY IN THE AFTERNOON	HOY EN LA TARDE OHEE EHN LAH <u>TAHR</u>-DEH
TODAY IN THE EVENING	HOY EN LA NOCHE OHEE EHN LAH <u>NOH</u>-CHEH
WHAT?	QUÉ? KEH?
WHY?	PORQUÉ? POHR-<u>KEH</u>?
BECAUSE	PORQUE <u>POHR</u>-KEH
WHY NOT?	PORQUÉ NO? POHR-<u>KEH</u> NOH?
PARDON ME?	PERDÓN? PEHR-<u>DOHN</u>?
EXCUSE ME	PERDÓNE PEHR-<u>DOH</u>-NEH
HOW DO YOU SAY?	COMO SE DICE? ... <u>KOH</u>-MOH SEH <u>DEE</u>-SEH? ...
HOW DO YOU SAY IN SPANISH?...	COMO SE DICE EN ESPAÑOL?... <u>KOH</u>-MOH SEH <u>DEE</u>-SEH EHN EHS-PAH-<u>NYOHL</u>?...
HOW DO YOU SAY THIS?	COMO SE DICE ESTO? <u>KOH</u>-MOH SEH <u>DEE</u>-SEH <u>EHS</u>-TOH?
IN SPANISH?	EN ESPAÑOL? EHN EHS-PAH-<u>NYOHL</u>?
YES, IN SPANISH	SI, EN ESPAÑOL SEE, EHN EHS-PAH-<u>NYOHL</u>

BASIC CONVERSATION

GO AHEAD also COME IN or ENTER	PASE PAH-SEH
IS EVERYTHING OK?	TODO BIEN? TOH-DOH BEE/EHN?
YES, EVERYTHING IS OK	SI, TODO ESTA BIEN SEE TOH-DOH EHS-TAH BEE/EHN
YES, THANK YOU	SI, GRACIAS SEE, GRAH-SEEAHS
YOU'RE WELCOME	DE NADA DEH NAH-DAH
YOU ARE VERY KIND	MUY AMABLE MOOEE AH-MAH-BLEH

IF YOU ARE LOST

EXCUSE ME, I'M LOST	PERDONE, ANDO PERDIDO PEHR-DOH-NEH, AHN-DOH PEHR-DEE-DOH
WHERE IS THE ... HOTEL?	DONDE QUEDA EL HOTEL ...? DOHN-DEH KEH-DAH EHL OH-TEHL ...?
WHERE IS THE ... MUSEUM	DONDE QUEDA EL MUSEO ... DOHN-DEH KEH-DAH EHL MOO-SEH-OH ...
DOWNTOWN AREA	CENTRO SEHN-TROH
THE MARKET	MERCADO MEHR-KAH-DOH
WHERE IS THE ... BEACH	DONDE QUEDA LA ... PLAYA DOHN-DEH KEH-DAH LAH ... PLAH-EEAH

IF YOU ARE LOST/PHONE CALLS

PLAZA	PLAZA (same)
CATHEDRAL	CATEDRAL KAH-TEH-<u>DRAHL</u>

PHONE CALLS

MAY I USE YOUR PHONE?	PUEDO USAR SU TELEFONO? <u>POOEH</u>-DOH <u>OO</u>-SAHR SOO TEH-<u>LEH</u>-FOH-NOH?
IT IS A COLLECT CALL	ES POR COBRAR EHS POR KOH-<u>BRAHR</u>
IT IS AN EMERGENCY	ES UNA EMERGENCIA EHS OONAH EH-MEHR-<u>HEHN</u>-SEEAH
I WANT AN ENGLISH SPEAKING OPERATOR	QUIERO UNA OPERADORA QUE HABLE INGLES <u>KEE/EH</u>-ROH <u>OO</u>-NAH OH-PEH-RAH-<u>DOH</u>-RAH KEH <u>AH</u>-BLEH EEN-<u>GLEHS</u>
BUSY SIGNAL	ESTA OCUPADO EHS-<u>TAH</u> OH-KOO-<u>PAH</u>-DOH
CAN I LEAVE A MESSAGE?	PUEDO DEJAR UN RECADO? <u>POOEH</u>-DOH DEH-<u>HAHR</u> OON REH-<u>KAH</u>-DOH?
MY NAME IS . . .	MI NOMBRE ES . . . MEE <u>NOHM</u>-BREH EHS . . .
MY PHONE NUMBER IS . . .	MI NUMERO ES . . . MEE <u>NOO</u>-MEH-ROH EHS . . .
I WILL CALL LATER	LLAMO MAS TARDE <u>YAH</u>-MOH MAHS <u>TAHR</u>-DEH

THE DAYS OF THE WEEK

THE DAYS OF THE WEEK

DAY	DÍA DEE-AH
WHEN?	CUANDO? KOOAHN-DOH?
WHAT DAY?	QUE DÍA? KEH DEE-AH?
ON MONDAY, TUESDAY	EL LUNES, MARTES EHL LOO-NEHS, MAHR-TEHS
MONDAY	LUNES LOO-NEHS
TUESDAY	MARTES MAHR-TEHS
WEDNESDAY	MIÉRCOLES MEE/EHR-KOH-LEHS
THURSDAY	JUEVES HOOEH-VEHS
FRIDAY	VIERNES BEE/EHR-NEHS
SATURDAY	SÁBADO SAH-BAH-DOH
SUNDAY	DOMINGO DOH-MEEN-GOH
WEEK	SEMANA SEH-MAH-NAH
THIS COMING WEEK	LA PROXÍMA SEMANA LAH PRO-KSEE-MAH SEH-MAH-NAH

MONTHS

JANUARY	ENERO EH-<u>NEH</u>-ROH
FEBRUARY	FEBRERO FEH-<u>BREH</u>-ROH
MARCH	MARZO <u>MAHR</u>-SOH
APRIL	ABRIL AH-<u>BREEL</u>
MAY	MAYO <u>MAH</u>-EEOH
JUNE	JUNIO <u>HOO</u>-NEEOH
JULY	JULIO <u>HOO</u>-LEEO
AUGUST	AGOSTO AH-<u>GOHS</u>-TOH
SEPTEMBER	SEPTIEMBRE SEHP-<u>TEE/EHM</u>-BREH
OCTOBER	OCTUBRE OHK-<u>TOO</u>-BREH
NOVEMBER	NOVIEMBRE NOH-<u>BEE/EHM</u>-BREH
DECEMBER	DICIEMBRE DEE-<u>SEE/EHM</u>-BREH

THE MONTH

THE FIRST DAY	EL DÍA PRIMERO EHL <u>DEE</u>-AH PREE-<u>MEH</u>-ROH

NUMBERS

THE LAST DAY	EL DÍA ULTIMO EHL <u>DEE</u>-AH OOL-<u>TEE</u>-MOH
THE...DAY	EL DÍA... EHL <u>DEE</u>-AH...

NUMBERS

1	UNO <u>OO</u>-NOH
2	DOS DOHS
3	TRES TREHS
4	CUATRO <u>KOOAH</u>-TROH
5	CINCO <u>SEEN</u>-COH
6	SEIS SEHEES
7	SIETE <u>SEE</u>/EH-TEH
8	OCHO <u>OH</u>-CHO
9	NUEVE <u>NOOE</u>-VEH
10	DIEZ DEE/EHS
11	ONCE <u>OHN</u>-SEH
12	DOCE <u>DOH</u>-SEH

NUMBERS

13	TRECE TREH-SEH
14	CATORCE KAH-TOHR-SEH
15	QUINCE KEEN-SEH
16	DIEZ Y SEIS DEE/EHS EE SEHEES
17	DIEZ Y SIETE DEE/EHS EE SEE/EH-TEH
18	DIEZ Y OCHO DEE/EHS EE OH-CHOH
19	DIEZ Y NUEVE DEE/EHS EE NOOEH-BEH
20	VEINTE BEHEEN-TEH
21	VEINTIUNO BEHEEN-TEEOO-NOH
22	VEINTIDOS BEHEEN-TEE-DOHS
23	VEINTITRES BEHEEN-TEE-TRES
24	VEINTICUATRO BEHEEN-TEE-KOOAH-TROH
25	VEINTICINCO BEHEEN-TEE-SEEN-KOH
26	VEINTISEIS BEHEEN-TEE-SEHEES
27	VEINTISIETE BEHEEN-TEE-SEE/EH-TEH
28	VEINTIOCHO BEHEEN-TEE-OH-CHOH

NUMBERS/THE TIME

29	VEINTINUEVE BEHEEN-TEE-<u>NOOEH</u>-BEH
30	TREINTA <u>TREHEEN</u>-TAH
31	TREINTA Y UNO <u>TREHEEN</u>-TAH-<u>EE</u>-OO-NOH

THE TIME

THE TIME	LA HORA LAH <u>OH</u>-RAH
WHAT TIME IS IT?	QUE HORAS SON? KEH <u>OH</u>-RAHS SOHN?
IT IS...	SON LAS... SOHN LAHS...
IT IS TWELVE O'CLOCK	SON LAS DOCE SOHN LAHS <u>DOH</u>-SEH
IT IS ONE O'CLOCK	ES LA UNA EHS LAH <u>OO</u>-NAH
IT IS TWO O'CLOCK	SON LAS DOS SOHN LAHS DOHS
IT IS THREE O'CLOCK	SON LAS TRES SOHN LAHS TREHS
IT IS FOUR O'CLOCK	SON LAS CUATRO SOHN LAHS <u>KOOAH</u>-TROH
IT IS FIVE O'CLOCK	SON LAS CINCO SOHN LAHS <u>SEEN</u>-KOH
IT IS SIX O'CLOCK	SON LAS SEIS SOHN LAHS SEHEES
IT IS SEVEN O'CLOCK	SON LAS SIETE SOHN LAHS <u>SEE/EH</u>-TEH

THE TIME

IT IS EIGHT O'CLOCK	SON LAS OCHO SOHN LAHS <u>OH</u>-CHOH
IT IS NINE O'CLOCK	SON LAS NUEVE SOHN LAHS <u>NOOEH</u>-BEH
IT IS TEN O'CLOCK	SON LAS DIEZ SOHN LAHS DEE/EHS
IT IS ELEVEN O'CLOCK	SON LAS ONCE SOHN LAHS <u>OHN</u>-SEH
IT IS TWELVE O'CLOCK	SON LAS DOCE SOHN LAHS <u>DOH</u>-SEH
9:05	LAS NUEVE Y CINCO LAHS <u>NOOEH</u>-BEH EE <u>SEEN</u>-KOH
10:10	LAS DIEZ Y DIEZ LAHS DEE/EHS EE DEE/EHS
7:15	LAS SIETE Y QUINCE LAHS <u>SEE/EH</u>-TEH EE <u>KEEN</u>-SEH
11:20	LAS ONCE Y VEINTE LAHS <u>OHN</u>-SEH EE <u>BEHEEN</u>-TEH
12:25	LAS DOCE Y VEINTICINCO LAHS <u>DOH</u>-SEH EE BEHEEN-TEE-<u>SEEN</u>-KOH
1:30	LA UNA Y MEDIA LAH <u>OO</u>-NAH EE <u>MEH</u>-DEEAH
3:35	LAS TRES Y TREINTA Y CINCO LAHS TREHS EE <u>TREHEEN</u>-TAH EE <u>SEEN</u>-KOH

THE TIME/SIGNS TO REMEMBER

4:40	LAS CUATRO Y CUARENTA LAHS <u>KOOAH</u>-TROH EE KOOAH-<u>REHN</u>-TAH
2:45	LAS DOS CUARENTA Y CINCO LAHS DOHS KOO/AH-<u>REHN</u>-TAH EE <u>SEEN</u>-KOH
AT WHAT TIME?	A QUE HORA? AH KEH <u>OH</u>-RAH
IN THE MORNING	EN LA MAÑANA EHN LAH MAH-<u>NYAH</u>-NAH
AT NOON	A MEDIO DIA AH <u>MEH</u>-DEEOH <u>DEE</u>-AH
IN THE AFTERNOON	EN LA TARDE EHN LAH <u>TAHR</u>-DEH
WE'LL MEET AT THE BAR	NOS VEMOS EN EL BAR NOHS <u>BEH</u>-MOHS EHN EHL BAR
WE'LL MEET AT THE LOBBY	NOS VEMOS EN EL LOBBY NOHS <u>BEH</u>-MOHS EHN EHL LOBBY

SOME SIGNS TO REMEMBER

(IT MEANS)	(IN SPANISH)
RESTROOMS	BAÑOS also SANITARIOS or EXCUSADOS
LADIES	DAMAS also SEÑORAS or MUJERES
MEN	CABALLEROS also SEÑORES or HOMBRES

SIGNS TO REMEMBER

ENTRANCE	ENTRADA
EXIT	SALIDA
EMERGENCY EXIT	SALIDA DE EMERGENCIA
NO SMOKING	SE PROHIBE FUMAR
UP (as in an elevator)	SUBE
DOWN (as in an elevator)	BAJA
WATCH YOUR STEP	PISE CON CUIDADO
TO THE LOBBY	AL LOBBY
TO THE BAR	AL BAR
TO THE RESTAURANT	AL RESTAURANTE
SWIMMING POOL	ALBERCA
INFORMATION	INFORMACIÓN
OPEN	ABIERTO
CLOSED	CERRADO
PUSH	EMPUJE
PULL	JALE
MONEY EXCHANGE	CASA DE CAMBIO
TELEPHONE(S)	TELEFONO(S)
OUT OF ORDER	NO FUNCIONA
ELEVATORS	ELEVADORES
TAXI	TAXI also LIBRE
WAITING ROOM	SALA DE ESPERA
DRINKING WATER	AGUA POTABLE
THIS WATER IS NOT FOR DRINKING	AGUA NO POTABLE
OCCUPIED	OCUPADO
COLD	FRIO

HOW TO FIND

HOT	CALIENTE

(When using a shower, be careful—remember the letter C stands for CALIENTE or "HOT")

HOW TO FIND...

IS THERE A ... CLOSE BY?	HAY ALGUNA ... CERCA? AHEE AHL-<u>GOO</u>-NAH ... <u>SEHR</u>-KAH?
BAKERY	PANADERIA PAH-NAH-DEH-<u>REE</u>-AH
PHARMACY	FARMACIA FAHR-<u>MAH</u>-SEEAH
LIQUOR STORE	LICORERIA LEE-KOH-REH-<u>REEAH</u>
DELI	MERCADO MEHR-<u>KAH</u>-DOH

(usually found in grocery stores in what is called **MERCADO**)

Some DELI items: **CHEESE**	QUESO <u>KEH</u>-SOH
JAM	JAMON HAH-<u>MOHN</u>
HOT DOGS	HOT DOGS or SALCHICHAS SAHL-<u>CHEE</u>-CHAS
DRY CLEANERS	TINTORERIA TEEN-TOH-REH-<u>REE</u>-AH
DRY CLEAN	LIMPIADO EN SECO LEEM-<u>PEEAH</u>-DOH EHN <u>SEH</u>-KOH
PRESS or IRON	PLANCHADO PLAHN-<u>CHA</u>-DOH

HOW TO FIND

LAUNDRY	LAVANDERIA LAH-BAHN-DEH-<u>REE</u>-AH
HARDWARE STORE	FERRETERIA FEH-RREH-TEH-<u>REE</u>-AH
CLOTHING STORE	TIENDA DE ROPA <u>TEE/EHN</u>-DAH DEH <u>ROH</u>-PAH
FILM (roll)	ROLLO PARA CAMARA <u>ROH</u>-YOH <u>PAH</u>-RAH <u>KAH</u>-MAH-RAH
IS THERE A MECHANIC CLOSE BY?	HAY UN MECANICO CERCA? AHEE OON MEH-<u>KAH</u>-NEE-KOH <u>SEHR</u>-KAH?
TELEPHONE	TELEFONO TEH-<u>LEH</u>-FOH-NOH
FAX	FAX (same)

NOTES

SECTION "B"

THE TRIP—CUSTOMS, BY AIR, CAR, BUS, TRAIN

REMEMBER

E as in <u>E</u>CHO   A as in F<u>A</u>THER

CUSTOMS

CUSTOMS	ADUANA AH-<u>DOOAH</u>-NAH
CUSTOMS INSPECTION	REVISION REH-BEE-<u>SEEOHN</u>
PASSPORT	PASAPORTE PAH-SAH-<u>POHR</u>-TEH
YOUR PASSPORT PLEASE	SU PASAPORTE POR FAVOR SOO PAH-SAH-<u>POHR</u>-TEH POHR FAH-<u>BOHR</u>
WHERE ARE YOU GOING?	A DONDE VAN? (PLURAL) AH <u>DOHN</u>-DEH BAHN? A DONDE VA? (SINGULAR) AH <u>DOHN</u>-DEH BAH?
WE ARE GOING TO...	VAMOS A... <u>BAH</u>-MOHS AH...
I'M GOING TO...	VOY A... BOHEE AH...

THE TRIP—CUSTOMS

HOW LONG DO YOU PLAN TO STAY IN MEXICO?	CUANTO TIEMPO PIENSAN PERMANECER EN MEXICO? <u>KOOAHN</u>-TOH <u>TEE/EHM</u>-POH <u>PEE/EHN</u>-SAHN PEHR-MAH-NEH-<u>SEHR</u> EHN <u>MEH</u>-HE-KOH?
ONE WEEK	UNA SEMANA <u>OO</u>-NAH SEH-<u>MAH</u>-NAH
TWO WEEKS	DOS SEMANAS DOS SEH-<u>MAH</u>-NAHS
ONE MONTH	UN MES OON MEHS
FOUR DAYS (see numbers, P. 18–19)	CUATRO DIAS <u>KOOAH</u>-TROH <u>DEE</u>-AHS
DO YOU HAVE BAGGAGE?	TRAEN EQUIPAJE? <u>TRAH</u>-EHN EH-KEE-<u>PAH</u>-HEH?
PLEASE GO TO CUSTOMS INSPECTION	PASEN A REVISIÓN POR FAVOR <u>PAH</u>-SEHN AH REH-BEE-<u>SEEOHN</u> POHR <u>FAH</u>-BOHR

BY AIR

AIRPORT	AEREOPUERTO AH-EH-REHOH-<u>POOEHR</u>-TOH
INTERNATIONAL AIRPORT	AEREOPUERTO INTERNACIONAL AH-EH-REHO-<u>POOEHR</u>-TOH EEN-TEHR-NAH-SEEOH-<u>NAHL</u>

THE TRIP

SIGNS AT AIRPORTS, STATIONS, ETC.

ARRIVALS	LLEGADAS YEH-<u>GAH</u>-DAHS
DEPARTURES	SALIDAS SAH-<u>LEE</u>-DAHS
TICKETS	BOLETOS BOH-<u>LEH</u>-TOHS

BY TRAIN OR BUS

THE BUS DEPOT	CENTRAL DE AUTOBUSES SEHN-<u>TRAHL</u> DEH AH-OO-TOH-<u>BOO</u>-SEHS
TRAIN STATION	ESTACIÓN DEL TREN EHS-TAH-<u>SEEOHN</u> DEHL TREHN
EXCUSE ME, WHERE IS THE TRAIN STATION?	PERDONE, DONDE QUEDA LA ESTACIÓN DEL TREN? PEHR-<u>DOH</u>-NEH <u>DOHN</u>-DEH <u>KEH</u>-DAH LAH EHS-TAH-<u>SEEOHN</u> DEHL TREHN?
EXCUSE ME, WHERE IS THE BUS DEPOT?	PERDONE, DONDE QUEDA LA CENTRAL DE AUTOBUSES? PEHR-<u>DOH</u>-NEH, <u>DOHN</u>-DEH <u>KEH</u>-DAH LAH SEHN-<u>TRAHL</u> DEH AH-OO-TOH-<u>BOO</u>-SEHS?
I WANT...TICKET(S) FOR...	QUIERO...BOLETO(S) A... <u>KEE/EH</u>-ROH...BOH-<u>LEH</u>-TOHS AH
HOW MUCH IS IT?	CUANTO ES? <u>KOOAHN</u>-TOH EHS?

THE TRIP

AT WHAT TIME DOES IT LEAVE?	A QUE HORAS SALE? AH KEH <u>OH</u>-RAHS <u>SAH</u>-LEH?
FROM WHAT DOOR?	POR CUAL PUERTA? POHR KOOAHL <u>POOEHR</u>-TAH?
WHICH BUS IS GOING TO ...?	CUAL CAMION VA A ...? KOOAHL KAH-<u>MEEOHN</u> BAH AH ...?

BY TAXI

(FOR MORE ON TAKING A TAXI, SEE P. 57)

TAXI **(also)**	TAXI (same as in English) LIBRE <u>LEE</u>-BREH
I WANT A TAXI	QUIERO UN TAXI (LIBRE) KEE-<u>EH</u>-ROH OON TAXI (<u>LEE</u>-BREH)
WHERE TO? **(taxi driver)**	A DONDE? AH <u>DOHN</u>-DEH?

IT IS A GOOD IDEA TO ESTABLISH THE COST OF THE FARE IN ADVANCE.

HOW MUCH TO THE ... HOTEL?	CUANTO AL HOTEL ... ? <u>KOOAHN</u>-TOH AHL <u>OH</u>-TEL ... ?
FOR YOU **(tip)**	PARA USTED <u>PAH</u>-RAH OOS-<u>TEHD</u>

THE TRIP

BY CAR

IF YOU ARE DRIVING, REMEMBER THAT GASOLINE AND OIL ARE SOLD BY THE LITER ONLY, EXAMPLE:

1 GALLON	= 3.8 LITERS*
5 GALLONS	= 18.9 LITERS
10 GALLONS	= 37.9 LITERS
15 GALLONS	= 56.8 LITERS
20 GALLONS	= 75.7 LITERS

IN OTHER WORDS 40 LITERS WILL GIVE YOU A LITTLE MORE THAN 10 GALLONS. 76 LITERS WILL GIVE YOU A LITTLE MORE THAN 20 GALLONS.

*LITERS IN SPANISH IS: LITROS (LEE-TROHS)

AIR	AIRE AHEE-REH
BATTERY	ACUMULADOR AH-KOO-MOO-LAH-DOHR
(also)	BATERIA BAH-TEH-REE-AH
IT NEEDS A CHARGE	NECESITA CARGA NEH-SEH-SEE-TAH KAHR-GAH
BELT	BANDA BAHN-DAH
THE BELT IS LOOSE	LA BANDA ESTA SUELTA LAH BAHN-DAH EHS-TAH SOO-EHL-TAH
BRAKES	FRENOS FREH-NOHS
CARBURETOR	CARBURADOR KAHR-BOO-RAH-DOHR
GASOLINE	GASOLINA GAH-SOH-LEE-NAH

THE TRIP

I NEED GAS	NECESITO GASOLINA NEH-SEH-<u>SEE</u>-TOH GAH-SOH-<u>LEE</u>-NAH
FILL IT UP	LLENELO <u>YEH</u>-NEH-LOH
GAS PEDAL	ACELERADOR AH-SEH-LEH-RAH-<u>DOHR</u>
HEAD LIGHT	FARO <u>FAH</u>-ROH
HOSE	MANGUERA MAHN-<u>GEH</u>-RAH (G as in GET)
I NEED THIS HOSE	NECESITO ESTA MANGUERA NEH-SEH-<u>SEE</u>-TOH <u>EHS</u>-TAH MAHN-<u>GEH</u>-RAH
OIL	ACEITE AH-<u>SAY</u>-TEH
RADIATOR	RADIADOR RAH-<u>DEEAH</u>-DOHR
IT NEEDS WATER	NECESITA AGUA NEH-SEH-<u>SEE</u>-TAH <u>AH</u>-GOOAH
ANTIFREEZE	ANTICONGELANTE AHN-TEE-KOHN-HEH-<u>LAHN</u>-TEH
TIRE	LLANTA <u>YAHN</u>-TAH
IT NEEDS AIR	NECESITA AIRE NEH-SEH-<u>SEE</u>-TAH <u>AHEE</u>-REH

CAN YOU FIX THIS TIRE?	PUEDE ARREGLAR ESTA LLANTA? POO<u>EH</u>-DEH AH-RREH-<u>GLAHR</u> <u>EHS</u>-TAH <u>YAHN</u>-TAH? (G as in GLAD)
TO GIVE A BOOST (Electrical current from car battery to another)	PASAR CORRIENTE PAH-<u>SAHR</u> KOH-<u>REE/EHN</u>-TEH
I NEED A MECHANIC	NECESITO UN MECANICO NEH-SEH-<u>SEE</u>-TOH OON MEH-<u>KAH</u>-NEE-KOH
MECHANIC'S SHOP	TALLER MECANICO TAH-<u>YEHR</u> MEH-<u>KAH</u>-NEE-KOH

ROAD AND HIGHWAY SIGNS

SIGN	MEANING
ADUANA	CUSTOMS
ALTO	STOP
ALTO INSPECCIÓN	INSPECTION STOP
ASFALTO FRESCO	FRESH ASPHALT
ARENA SUELTA	LOOSE SAND
AUTOPISTA	FREEWAY (high speed road)
BAJADA	DOWNGRADE
BORDOS A 100 METROS	BUMPS 100 METERS AHEAD
CAMINO ANGOSTO	NARROW ROAD
CAMINO EN REPARCIÓN	ROAD UNDER REPAIR
CAMINO ONDULADO	WAVY ROAD
CAMINO SINUOSO	WINDING ROAD

THE TRIP/SIGNS

CAÑADA	TRACK FOR LIVESTOCK, DELL, GLEN
CARRETERA	HIGHWAY
CARRETERA DE CUOTA	TOLL ROAD
CASETA DE COBRO	TOLL BOOTH
CEDA EL PASO	YIELD
CERRO	HILL
CONSERVE SU DERECHA	KEEP RIGHT
CRUCE DE CAMINOS	CROSSROAD
CUIDADO CON EL GANADO	WATCH OUT FOR CATTLE
CURVA FORZADA	SHARP CURVE
CURVA PELIGROSA	DANGEROUS CURVE
CIRCULACIÓN	ONE WAY TRAFFIC
DESPACIO	SLOW DOWN
DESVIACIÓN	DETOUR
ENTRADA	ENTRANCE, ENTER
ESCUELA	SCHOOL
ESTACIONAMIENTO	PARKING
EMPALME	HIGHWAY JUNCTION
FIN DEL PAVIMENTO	END OF PAVEMENT
HOMBRES TRABAJANDO	MEN WORKING
NO ESTACIONARSE	NO PARKING
ESTACIONAMIENTO PROHIBIDO	NO PARKING
NO HAY PASO	DO NOT ENTER
NO REBASE	NO PASSING
NO VOLTEAR A LA DERECHA	NO RIGHT TURN

THE TRIP/SIGNS

NO VOLTEAR A LA IZQUIERDA	NO LEFT TURN
NO VOLTEAR EN U	NO U TURN
PARADA OBLIGATORIA	MANDATORY STOP
PEATONES	PEDESTRIANS
PEAJE	TOLL
PELIGRO	DANGER
PROHIBIDO EL PASO	DO NOT ENTER
PRECAUCION	CAUTION
PUENTE ANGOSTO	NARROW BRIDGE
PREFERENCIA	ONE WAY STREET
TOPES	BUMPS
POBLADO PROXIMO	TOWN NEAR
TRANSITO	TRAFFIC
RETORNO CARRIL IZQUIERDO	RETURN ON THE LEFT (to go back)
VADO	DIP
VELOCIDAD MAXIMA	MAXIMUM SPEED LIMIT

MORE ROAD SIGNS

OBEDEZCA LAS SEÑALES	OBEY TRAFFIC SIGNALS
TRANSITO LENTO CARRIL DERECHO	SLOW TRAFFIC RIGHT LANE
ESTE CAMINO NO ES DE ALTA VELOCIDAD	THIS IS NOT A HIGH SPEED ROAD
SOLO IZQ.	LEFT TURN ONLY

THE TRIP/SIGNS

URGENCIAS	YOU WILL FIND THIS SIGN AT HOSPITALS AND EMERGENCY CLINICS.
KM. KMS.	KILOMETER (abbreviations)
110 KMS/H	110 KILOMETERS PER HOUR

AT TIMES YOU ARE GOING TO FIND A SIGN SAYING VELOCIDAD MAXIMA 110kms. **WHICH MEANS YOU WILL BE TRAVELLING AT AROUND 68 mph. PLEASE MAKE SURE YOU CHECK THE LAW FIRST.**

RENTING A CAR IN MEXICO

IF YOU WANT TO DRIVE, MOST AMERICAN CAR RENTAL COMPANIES HAVE A BRANCH IN MOST RESORTS OF LARGE CITIES.

SECTION "C"

AT THE HOTEL

ARRIVING, CONVERSATION, MONEY EXCHANGE, COMPLAINTS.

REMEMBER

E as in ECHO   A as in FATHER

THE HOTEL (the letter H in Spanish is silent)	EL HOTEL EHL OH-TEHL

AT THE HOTEL

RESERVATION	RESERVACIÓN REH-SEHR-BAH-SEEOHN
MY NAME IS...	MI NOMBRE ES... MEE NOHM-BREH EHS...
I MADE A RESERVATION	HICE RESERVACIÓN EE-SEH REH-SEHR-BAH-SEEOHN
WE HAVE A RESERVATION	TENEMOS RESERVACIÓN TEH-NEH-MOHS REH-SEHR-BAH-SEEOHN
WHAT IS THE NAME?	A QUE NOMBRE? AH KEH NOHM-BREH?
I DON'T HAVE A RESERVATION	NO TENGO RESERVACIÓN NOH TEHN-GOH REH-SEHR-BAH-SEEOHN

AT THE HOTEL

WE DON'T HAVE A RESERVATION	NO TENEMOS RESERVACIÓN NOH TEH-NEH-MOHS REH-SEHR-BAH-SEEOHN
HOW MANY PERSONS?	CUANTAS PERSONAS? KOOAHN-TAHS PEHR-SOH-NAHS?
WE ARE...	SOMOS... SOH-MOHS...
ROOM	CUARTO KOOAHR-TOH
I WANT A ROOM	QUIERO UN CUARTO KEE/EH-ROH OON KOOAHR-TOH
WE WANT A ROOM	QUEREMOS UN CUARTO KEH-REH-MOHS OON KOOAHR-TOH
FOR ONE PERSON	PARA UNA PERSONA PAH-RAH OO-NAH PEHR-SOH-NAH
FOR TWO PERSONS	PARA DOS PERSONAS PAH-RAH DOHS PEHR-SOH-NAHS
WITH A SHOWER	CON REGADERA KOHN REH-GAH-DEH-RAH
WITH A DOUBLE BED	CON CAMA MATRIMONIAL KOHN KAH-MAH MAH-TREE-MOH-NEE-AHL
WITH TWO BEDS	CON DOS CAMAS KOHN DOS KAH-MAHS
WITH A TELEPHONE	CON TELEFONO KOHN TEH-LEH-FOH-NOH

AT THE HOTEL

WITH HOT WATER	CON AGUA CALIENTE KOHN <u>AH</u>-GOOAH KAH-<u>LEE</u>/EHN-TEH

EXCHANGING MONEY

MONEY EXCHANGE **(place to exchange currency)**	CASA DE CAMBIO <u>KAH</u>-SAH DEH <u>KAHM</u>-BEEOH
MONEY*	DINERO DEE-<u>NEH</u>-ROH
(also)	MONEDA* MOH-<u>NEH</u>-DAH

*FOR THE PURPOSE OF EXCHANGING, THE WORD USED IS <u>MONEDA</u>

MEXICAN MONEY	MONEDA MEXICANA MOH-<u>NEH</u>-DAH MEH-HEE-<u>KAH</u>-NAH
AMERICAN MONEY	MONEDA AMERICANA MOH-<u>NEH</u>-DAH AH-MEH-REE-<u>KAH</u>-NAH
PERSONAL CHECK	CHEQUE PERSONAL <u>CHE</u>-KEH PEHR-SOH-<u>NAHL</u>
TRAVELER'S CHECK	CHEQUE DE VIAJERO <u>CHEH</u>-KEH DEH BEEAH-<u>HEH</u>-ROH
WHERE CAN I EXCHANGE SOME MONEY?	DONDE PUEDO CAMBIAR UN DINERO? <u>DOHN</u>-DEH <u>POOEH</u>-DOH KAHM-<u>BEEAHR</u> OON DEE-<u>NEH</u>-ROH?

EXCHANGING MONEY

HOW MUCH DO YOU WANT TO EXCHANGE?	CUANTO QUIERE CAMBIAR? KOOAHN-TOH KEE/EH-REH KAHM-BEEAHR?
I WANT TO EXCHANGE...	QUIERO CAMBIAR... KEE/EH-ROH KAHM-BEEAHR...
I WANT TO CASH A TRAVELERS CHECK	QUIERO CAMBIAR UN CHEQUE DE VIAJERO KEE/EH-ROH KAHM-BEEAHR OON CHEH-KEH DEH BEEAH-HEH-ROH
CAN I CASH A PERSONAL CHECK?	PUEDO CAMBIAR UN CHEQUE PERSONAL? POOEH-DOH KAHM-BEEAHR OON CHEH-KEH PEHR-SOH-NAHL?
RATE OF EXCHANGE	TIPO DE CAMBIO TEE-POH DEH KAHM-BEEOH
WHAT IS THE RATE OF EXCHANGE?	CUAL ES EL TIPO DE CAMBIO? KOOAHL EHS EHL TEE-POH DEH KAHM-BEEOH?
I WANT TO EXCHANGE THESE DOLLARS	QUIERO CAMBIAR ESTOS DOLARES KEE/EH-ROH KAHM-BEEAHR EHS-TOHS DOH-LAH-REHS
I WANT TO EXCHANGE THESE PESOS	QUIERO CAMBIAR ESTOS PESOS KEE/EH-ROH KAHM-BEEAHR EHS-TOHS PEH-SOHS

COMPLAINTS

THE ROOM IS TOO HOT	EL CUARTO ESTA MUY CALIENTE EHL KOOAHR-TOH EHS-TAH MOOEE KAH-LEE/EHN-TEH
THE ROOM IS TOO COLD	EL CUARTO ESTA MUY FRIO EHL KOOAHR-TOH EHS-TAH MOOEE FREE-OH
WE WANT ANOTHER ROOM	QUEREMOS OTRO CUARTO KEH-REH-MOHS OH-TROH KOOAHR-TOH
I WANT ANOTHER ROOM	QUIERO OTRO CUARTO KEE/EH-ROH OH-TROH KOOAHR-TOH
THE ROOM IS TOO NOISY	EL CUARTO ES MUY RUIDOSO EHL KOOAHR-TOH EHS MOOEE ROOEE-DOH-SOH
THERE IS NO HOT WATER	NO HAY AGUA CALIENTE NOH AHEE AH-GOOAH KAH-LEE/EHN-TEH
THERE IS NO DRINKING WATER	NO HAY AGUA PARA TOMAR NOH AHEE AH-GOOAH PAH-RAH TOH-MAHR
THERE IS NO TOILET PAPER	NO HAY PAPEL DEL BAÑO NOH AHEE PAH-PEHL DEHL BAH-NYOH

NOTES

SECTION "D"

AT THE RESTAURANT

ORDERING MEALS, AT THE BAR, ENTERTAINMENT, ETC.

REMEMBER

E as in ECHO   **A as in FATHER**

Mexican Cuisine is much too extensive to do it justice in only a few words. There are the popular Tacos and Enchiladas (of which there are several types), and also the much more complicated Moles, Salsas and Guisados. In the following pages I will mention just some of the many dishes of Mexico.

In the larger cities and resorts you can find restaurants that serve foods from many countries. For the less adventurous, most restaurants serve American style food. Recently several American fast food restaurants have opened franchises throughout the country and except for the pronunciation, it's relatively easy to order . . . A friend of mine wanted something different for breakfast so he ordered Pancakes. The waiter couldn't understand the word "Pancakes," so he called the manager who knew what my friend meant. He told the waiter he wanted "Hot Cakes" . . .

SO REMEMBER—NO PANCAKES!

THE RESTAURANT

THE RESTAURANT

THE RESTAURANT	EL RESTAURANTE EHL REHS-TAHOO-<u>RAHN</u>-TEH
WE HAVE RESERVATIONS	TENEMOS RESERVACIÓN TEH-<u>NEH</u>-MOHS REH-SEHR-BAH-<u>SEEOHN</u>
WHAT IS THE NAME	A QUE NOMBRE? AH KEH <u>NOHM</u>-BREH?
HOW MANY PERSONS?	CUANTAS PERSONAS? <u>KOOAHN</u>-TAHS PEHR-<u>SOH</u>-NAHS?
WE ARE... (see numbers)	SOMOS... <u>SOH</u>-MOHS...
EXCUSE ME, WE DON'T LIKE THIS TABLE	PERDONE, NO NOS GUSTA ESTA MESA PEHR-<u>DOH</u>-NEH, NOH NOHS <u>GOOS</u>-TAH <u>EHS</u>-TAH <u>MEH</u>-SAH
THE MENU PLEASE	EL MENÚ POR FAVOR EHL MEH-<u>NOO</u> POHR <u>FAH</u>-BOHR
(also) MENU	LA CARTA LAH <u>KAHR</u>-TAH
THE CHECK (bill)	LA CUENTA LAH <u>KOOEHN</u>-TAH
WAITER OR WAITRESS: WOULD YOU LIKE SOMETHING TO DRINK?	DESEAN ALGO DE TOMAR? DEH-<u>SEH</u>-AHN <u>AHL</u>-GOH DEH TOH-<u>MAHR</u>?
I WANT...	QUIERO... <u>KEE/EH</u>--ROH...

THE RESTAURANT

WE WANT...	QUEREMOS... KEH-<u>REH</u>-MOHS...
BEER FOR ME	CERVEZA PARA MI SEHR-<u>BEH</u>-SAH <u>PAH</u>-RAH MEE
LIGHT BEER	CERVEZA LIGERA SEHR-<u>BEH</u>-SAH LEE-<u>HEH</u>-RAH (<u>HEH</u> as in Hen)
THE SAME	LO MISMO LOH <u>MEES</u>-MOH
BEER FOR ALL	CERVEZA PARA TODOS SEHR-<u>BEH</u>-SAH <u>PAH</u>-RAH <u>TOH</u>-DOHS
A COKE	UNA COCA OONA <u>KOH</u>-KAH
COKES FOR THE CHILDREN	COCAS PARA LOS NIÑOS <u>KOH</u>-KAHS <u>PAH</u>-RAH LOHS <u>NEE</u>-NYOHS
MILK	UNA LECHE <u>OO</u>-NAH <u>LEH</u>-CHE
A COFFEE	UN CAFE OON KAH-<u>FEH</u>
MINERAL WATER	AGUA MINERAL <u>AH</u>-GOOAH MEE-NEH-<u>RAHL</u>
WITH ICE	CON HIELO KOHN <u>EE/EH</u>-LOH
WATER	AGUA <u>AH</u>-GOOAH
ICE WATER	AGUA CON HIELO <u>AH</u>-GOOAH KOHN <u>EE/EH</u>-LOH

THE RESTAURANT

AMERICAN STYLE COFFEE (served with cream or sugar on the side)	CAFE AMERICANO KAH-<u>FEH</u> AH-MEH-REE-<u>KAH</u>-NOH
CREAM PLEASE	CREMA POR FAVOR <u>KREH</u>-MAH POHR FAH-<u>BOHR</u>
SUGAR PLEASE	AZUCAR POR FAVOR AH-<u>SOO</u>-KAHR POHR FAH-<u>BOHR</u>
WE WANT TO ORDER	QUEREMOS ORDENAR KEH-<u>REH</u>-MOHS OHR-DEH-<u>NAHR</u>
THE LADY WANTS...	LA SEÑORA QUIERE... LAH SEH-<u>NYOH</u>-RAH <u>KEE/EH</u>-REH...
I WANT...	YO QUIERO... EEOH <u>KEE/EH</u>-ROH...
WE WANT...	QUEREMOS... KEH-<u>REH</u>-MOHS...
BREAKFAST	DESAYUNO DEH-SAH-<u>EEOO</u>-NOH
COFFEE (black)	CAFE NEGRO KAH-<u>FEH</u> <u>NEH</u>-GROH
MORE COFFEE	MAS CAFE MAHS KAH-<u>FEH</u>
COFFEE (with sugar)	CAFE CON AZUCAR KAH-<u>FEH</u> KOHN AH-<u>SOO</u>-KAHR
COFFEE (with cream)	CAFE CON CREMA KAH-<u>FEH</u> KOHN <u>KREH</u>-MAH
COFFEE (cream and sugar)	CAFE CON CREMA Y AZUCAR KAH-<u>FEH</u> KOHN <u>KREH</u>-MAH EE AH-<u>SOO</u>-KAHR

THE RESTAURANT

TOAST	PAN TOSTADO PAHN TOS-<u>TAH</u>-DOH
BUTTER	MANTEQUILLA MAHN-TEH-<u>KEE</u>-YAH
BISCUITS	BISQUETES <u>BEES</u>-KEH-TEHS
JELLY	JALEA HAH-<u>LEH</u>-AH
CEREAL	CEREAL SEH-<u>REH</u>-AHL
PANCAKES or HOT CAKES	HOT CAKES (Best to order as HOT CAKES—pronounced same as in English)
EGGS	HUEVOS (H is silent) <u>OOEH</u>-BOHS
EGGS (scrambled)	HUEVOS REVUELTOS <u>OOEH</u>-BOHS REH-<u>BOOEHL</u>-TOHS
EGGS (over)	HUEVOS ESTRELLADOS <u>OOEH</u>-BOHS EHS-TREH-<u>YAH</u>-DOHS
HAM AND EGGS	HUEVOS CON JAMON <u>OOEH</u>-BOHS KOHN HAH-<u>MOHN</u>
BACON AND EGGS	HUEVOS CON TOCINO <u>OOEH</u>-BOHS KOHN TOH-<u>SEE</u>-NOH
MEXICAN STYLE: (a little hot) **EGGS OVER EASY IN TOMATO SAUCE**	HUEVOS RANCHEROS <u>OOEH</u>-BOHS RAHN-<u>CHEH</u>-ROHS

THE RESTAURANT

EGGS SCRAMBLED WITH MEXICAN SAUSAGE	HUEVOS CON CHORIZO <u>OOEH</u>-BOHS KOHN CHO-<u>REE</u>-SOH
FRENCH ROLLS	BOLILLOS BOH-<u>LEE</u>-YOHS
TORTILLAS	TORTILLAS TOHR-<u>TEE</u>-YAHS
PASTRIES	PAN DULCE PAHN <u>DOOL</u>-SEH
(Mexican style pastries usually served in a basket)	
ORANGE JUICE	JUGO DE NARANJA <u>HOO</u>-GOH DEH NAH-<u>RAHN</u>-HAH
HOT CHOCOLATE	CHOCOLATE CHO-KOH-<u>LAH</u>-TEH
(Served hot, an old Mexican tradition)	
LUNCH	COMIDA KOH-<u>MEE</u>-DAH
DINNER	CENA <u>SEH</u>-NAH
SALAD	ENSALADA EHN-SAH-<u>LAH</u>-DAH
SOUP	SOPA <u>SOH</u>-PAH
(also called)	CALDO <u>KAHL</u>-DOH
CHICKEN SOUP	CALDO DE POLLO <u>KAHL</u>-DOH DEH <u>POH</u>-YOH
BEEF WITH VEGETABLES (a meal in itself)	COCIDO KOH-<u>SEE</u>-DOH
BLACK BEAN SOUP	SOPA DE FRIJOL NEGRO <u>SOH</u>-PAH DEH FREE-<u>HOHL</u> <u>NEH</u>-GROH

THE RESTAURANT

MEATS

CHICKEN	POLLO
	<u>POH</u>-YOH
(or)	GALLINA
	GAH-<u>YEE</u>-NAH
FRIED CHICKEN	POLLO FRITO
	<u>POH</u>-YOH <u>FREE</u>-TOH
CHICKEN IN MOLE	GALLINA EN MOLE
	GAH-<u>YEE</u>-NAH EHN
	<u>MOH</u>-LEH
(mole is a thick, spicy gravy)	
BEEF	CARNE DE RES
	<u>KAHR</u>-NEH DEH REHS
STEAK	BISTEK (Mexico)
	BEES-<u>TEHK</u>
PORK MEAT	CARNE DE PUERCO
	<u>KAHR</u>-NEH DEH
	<u>POOEHR</u>-KOH
(also)	CERDO
	<u>SEHR</u>-DOH
PORK CHOPS	CHULETAS DE PUERCO
	CHOO-<u>LEH</u>-TAHS DEH
	<u>POOEHR</u>-KOH
HAMBURGER	HAMBURGUESA
	AHM-BOOR-<u>GEH</u>-SAH
	(G as in GO, H is silent)
HAMBURGER WITH CHEESE	HAMBURGUESA CON QUESO
	AHM-BOOR-<u>GEH</u>-SAH KOHN
	<u>KEH</u>-SOH
WITH ONIONS	CON CEBOLLA
	KOHN SEH-<u>BOH</u>-YAH

THE RESTAURANT

WITHOUT ONIONS	SIN CEBOLLA SEEN SEH-<u>BOH</u>-YAH
HOT DOG (same or)	SALCHICHA SAHL-<u>CHEE</u>-CHAH
TACOS (meat cooked over charcoal)	TACOS AL CARBON <u>TAH</u>-KOHS AHL KAHR-<u>BOHN</u>

SOME OF MY FAVORITES

RICE WITH CHICKEN AND VEGETABLES	ARROZ CON POLLO AH-<u>RROHS</u> KOHN <u>POH</u>-YOH
ENCHILADAS IN GREEN SAUCE	ENCHILADAS SUIZAS EHN-CHEE-<u>LAH</u>-DAHS <u>SOOEE</u>-SAHS
(green sauce is made with a green but ripe tomato)	
(a deep fried, long doughnut with sugar and cinnamon)	CHURROS <u>CHOO</u>-RROHS
(a light crispy pastry)	BANDERILLAS BAHN-DEH-<u>RREE</u>-YAHS
POTATOES	PAPAS (Mexico) <u>PAH</u>-PAHS
FRENCH FRIES	PAPAS A LA FRANCESCA <u>PAH</u>-PAHS AH LAH FRAHN-<u>SEH</u>-SAH
FRIED POTATOES	PAPAS FRITAS <u>PAH</u>-PAHS <u>FREE</u>-TAHS
BAKED POTATOES	PAPAS AL HORNO <u>PAH</u>-PAHS AHL <u>OHR</u>-NOH (H is silent)
MASHED POTATOES	PURE DE PAPAS POO-<u>REH</u> DEH <u>PAH</u>-PAHS

THE RESTAURANT

FISH	PESCADO PEHS-<u>KAH</u>-DOH
FRIED FISH	PESCADO FRITO PEHS-<u>KAH</u>-DOH <u>FREE</u>-TOH
BAKED FISH	PESCADO AL HORNO PEHS-<u>KAH</u>-DOH AHL <u>OHR</u>-NOH
FISH SOUP	SOPA DE PESCADO <u>SOH</u>-PAH DEH PEHS-<u>KAH</u>-DOH

ANOTHER OF MY FAVORITES:

SEVEN SEAS SOUP **(literally translated)**	CALDO SIETE MARES <u>KAHL</u>-DOH <u>SEE/EH</u>-TEH <u>MAH</u>-REHS
(soup with all kinds of seafood)	
SHELLFISH	MARISCOS MAH-<u>REES</u>-KOHS
SHRIMP	CAMARONES KAH-MAH-<u>ROH</u>-NEHS
CRAB	JAIBA (Mexico) <u>HAHEE</u>-BAH
LOBSTER	LANGOSTA LAHN-<u>GOHS</u>-TAH
SHRIMP COCKTAIL	COCTEL DE CAMARONES KOHK-<u>TEHL</u> DEH KAH-MAH-<u>ROH</u>-NEHS
LEMON	LIMON LEE-<u>MOHN</u>
BASS	ROBALO ROH-<u>BAH</u>-LOH

THE RESTAURANT

CLAMS	ALMEJAS AHL-<u>MEH</u>-HAHS
TROUT	TRUCHA <u>TROO</u>-CHA
DESSERT	POSTRE <u>POHS</u>-TREH
PIE	PASTEL PAHS-<u>TEHL</u>
APPLE PIE	PASTEL DE MANZANA PAHS-<u>TEHL</u> DEH MAHN-<u>SAH</u>-NAH
PINEAPPLE PIE	PASTEL DE PIÑA PAHS-<u>TEHL</u> DEH <u>PEE</u>-NYAH
ICE CREAM	HELADO EH-<u>LAH</u>-DOH
VANILLA ICE CREAM	HELADO DE VAINILLA EH-<u>LAH</u>-DOH DEH BAHEE-<u>NEE</u>-YAH
STRAWBERRY ICE CREAM	HELADO DE FRESA EH-<u>LAH</u>-DOH DEH <u>FREH</u>-SAH
CHOCOLATE ICE CREAM	HELADO DE CHOCOLATE EH-<u>LAH</u>-DOH DEH CHO-COH-<u>LAH</u>-TEH
FLAN (a Mexican custard dessert)	FLAN FLAHN

RESTAURANT—AT THE BAR

AT THE BAR—NIGHT CLUB

THE WAITER, WAITRESS: WOULD YOU LIKE TO ORDER?	DESEAN ORDENAR? DEH-<u>SEH</u>-AHN OHR-DEH-<u>NAHR</u>?
I WANT...	QUIERO... <u>KEE/EH</u>-ROH...
WE WANT...	QUEREMOS... KEH-<u>REH</u>-MOHS...
SHE WANTS...	ELLA QUIERE... <u>EH</u>-YAH <u>KEE/EH</u>-REH...
HE WANTS...	EL QUIERE... EHL <u>KEE/EH</u>-REH...
MIXERS FOR DRINKS:	
WITH SODA	CON SODA KOHN <u>SOH</u>-DAH
WITH WATER	CON AGUA KOHN <u>AH</u>-GOOAH
WITH SEVEN-UP	CON SEVEN-UP (same) KOHN SEVEN-UP
WITH COKE	CON COCA KOHN <u>KOH</u>-KAH
ON THE ROCKS	EN LAS ROCAS EHN LAHS <u>ROH</u>-KAHS
STRAIGHT	SOLO <u>SOH</u>-LOH
SPIRITS: **SCOTCH**	ESCOSES EHS-KOH-<u>SEHS</u>

RESTAURANT—AT THE BAR

A SHOT	UN TRAGO (a gulp) OON <u>TRAH</u>-GOH
BOURBON	BURBON <u>BOOR</u>-BOHN
VODKA	(same)
TEQUILA	(same—product of Mexico)
GIN	GINEBRA HEE-<u>NEH</u>-BRAH
RUM	RON ROHN
RUM AND COKE	RON CON COCA ROHN KOHN <u>KOH</u>-KAH (a very popular drink in Mexico)
BEER	CERVEZA SEHR-<u>BEH</u>-SAH
COLD BEER (sign)	CERVEZA BIEN FRIA SEHR-<u>BEH</u>-SAH BEE/EHN <u>FREE</u>-AH
WINE	VINO <u>BEE</u>-NOH
WHITE WINE	VINO BLANCO <u>BEE</u>-NOH <u>BLAHN</u>-KOH
RED WINE	VINO TINTO <u>BEE</u>-NOH <u>TEEN</u>-TOH

AT THE NIGHT CLUB

THE SHOW	EL SHOW EHL SHOW
(The word "show" is very commonly used now)	
VARIETY SHOW	LA VARIEDAD LAH BAH-<u>REE/EH</u>-DAHD

THE RESTAURANT—NIGHT CLUB

WHAT TIME DOES THE SHOW START?	A QUE HORAS COMIENZA EL SHOW? AH KEH <u>OH</u>-RAHS KOH-<u>MEE</u>/EHN-SAH EHL SHOW?
IS THERE A COVER CHARGE?	AY MINIMO? AHEE <u>MEE</u>-NEE-MOH?
I WANT TO RESERVE A TABLE FOR ... PERSONS	QUIERO HACER UNA RESERVACION PARA ... PERSONAS <u>KEE/EH</u>-ROH AH-<u>SEHR</u> OO-NAH REH-SEHR-BAH-<u>SEEOHN</u> <u>PAH</u>-RAH ... PEHR-<u>SOH</u>-NAHS
FOR THE ... O'CLOCK SHOW	PARA EL SHOW DE LAS ... <u>PAH</u>-RAH EHL SHOW DEH LAHS ...

NOTES

SECTION "E"

LEAVING THE HOTEL—PUBLIC TRANSPORTATION, TAXI, GOING SHOPPING, CONVERSATION, COLORS, CLOTHING SIZES, LOST ARTICLES, POLICE EMERGENCIES, ETC.

IF YOU ARE ON BOARD A CRUISE SHIP, PLEASE SEE PAGE 59.

REMEMBER

E as in E̲CHO   A as in FA̲THER

TAXI	TAXI (same as English)
(also)	LIBRE
	LE̲E-BREH
I NEED A TAXI	NECESITO UN TAXI (LIBRE)
	NEH-SEH-SE̲E-TOH OON TAXI (LE̲E-BREH)
TAXI DRIVER:	
WHERE ARE YOU GOING?	A DONDE VA(N)?
	AH DO̲HN-DEH BAH(N)?
TO DOWNTOWN	AL CENTRO
	AHL SE̲HN-TROH
TO THE ... RESTAURANT	AL RESTAURANTE ...
	AHL REHS-TAHOO-RA̲HN-TEH ...
TAXI DRIVER:	
ON WHAT STREET?	EN QUE CALLE?
	EHN KEH KA̲H-YEH?

LEAVING THE HOTEL

ON ... STREET	EN LA CALLE ... EHN LAH <u>KAH</u>-YEH ...
ON ... AVENUE	EN AVENIDA ... EHN AH-BEH-<u>NEE</u>-DAH ...
THIS IS THE ADDRESS	ESTA ES LA DIRECCIÓN <u>EHS</u>-TAH EHS LAH DEE-REHK-<u>SEEOHN</u>
TO THE ... HOTEL	AL HOTEL ... AHL OH-<u>TEHL</u> ...
TO THE AIRPORT	AL AEREOPUERTO AHL AH-EH-REHO-<u>POOEHR</u>-TOH
TO THE BUS DEPOT	A LA CENTRAL DE AUTOBUSES AH LAH SEHN-<u>TRAHL</u> DEH AHOO-TOH-<u>BOO</u>-SEHS
TO THE TRAIN STATION	A LA ESTACIÓN DEL TREN AH LAH EHS-TAH-SEE-<u>OHN</u> DEHL TREHN
TO .. BEACH	A LA PLAYA ... AH LAH <u>PLAH</u>-YAH ...
SHOPPING	DE COMPRAS DEH <u>KOHM</u>-PRAHS
WE WANT TO GO SHOPPING	QUEREMOS IR DE COMPRAS KEH-<u>REH</u>-MOHS EER DEH <u>KOHM</u>-PRAHS
CLOTHING	ROPA <u>ROH</u>-PAH
SHOES	ZAPATOS SAH-<u>PAH</u>-TOHS
BOOTS	BOTAS <u>BOH</u>-TAHS

LEAVING THE HOTEL

LEATHER GOODS (articles)	ARTICULOS DE PIEL AHR-TEE-KOO-LOHS DEH PEE-EHL
SILVER THINGS	COSAS DE PLATA KOH-SAHS DEH PLAH-TAH
LIQUOR	LICOR LEE-KOHR
PERFUMES	PERFUMES PEHR-FOO-MEHS
SOME SOUVENIRS	ALGO DE RECUERDO AHL-GOH DEH REH-KOOEHR-DOH
TO THE ... BAR	AL BAR ... AHL BAR ...
TO THE ... DISCO	A LA DISCOTECA ... AH LAH DEES-KOH-TEH-KAH ...
TO THE BREAKWATER (a walk by the ocean, beach)	AL MALECON AHL MAH-LEH-KOHN
TO THE ... MUSEUM	AL MUSEO ... AL MOO-SEH-OH ...
TO THE ... NIGHTCLUB	AL CENTRO NOCTURNO ... AHL SEHN-TROH NOHK-TOOR-NOH ...
TO THE SHIP ...	AL BARCO ... AHL BAHR-KOH ...

(If you are on a cruise ship, most drivers know the name of the ship and where to take you.)

LEAVING THE HOTEL

SHOPPING

HOW MUCH IS IT?	CUANTO CUESTA? <u>KOOAHN</u>-TOH <u>KOOEHS</u>-TAH?
DO YOU LIKE IT?	LE GUSTA? LEH <u>GOOS</u>-TAH?
I LIKE IT	SI ME GUSTA SEE MEH <u>GOOS</u>-TAH
I DON'T LIKE THE COLOR	NO ME GUSTA EL COLOR NOH MEH <u>GOOS</u>-TAH EHL KOH-<u>LOHR</u>
I WANT IT IN BROWN (see colors P. 61–62)	QUIERO EN COLOR CAFÉ <u>KEE/EH</u>-ROH EHN KOH-<u>LOHR</u> KAH-<u>FEH</u>
DO YOU HAVE A CHEAPER ONE?	TIENE UNO MAS BARATO? <u>TEE/EH</u>-NEH <u>OO</u>-NOH MAHS BAH-<u>RAH</u>-TOH?
I DON'T LIKE IT	NO ME GUSTA NOH MEH <u>GOOS</u>-TAH
DO YOU HAVE A BIGGER ONE?	TIENE UNO MAS GRANDE? <u>TEE/EH</u>-NEH <u>OO</u>-NOH MAHS <u>GRAHN</u>-DEH?
DO YOU HAVE A SMALLER ONE?	TIENE UNO MAS CHICO? <u>TEE/EH</u>-NEH <u>OO</u>-NOH MAHS <u>CHEE</u>-KOH
IT'S TOO MUCH MONEY	ES MUCHO DINERO EHS <u>MOO</u>-CHO DEE-<u>NEH</u>-ROH
TOO EXPENSIVE	MUY CARO MOOEE <u>KAH</u>-ROH
I OFFER YOU ...	LE DOY ... LEH DOHEE ...

LEAVING THE HOTEL

I WANT THIS ONE	QUIERO ESTE KEE/EH-ROH EHS-TEH
I WANT TWO	QUIERO DOS KEE/EH-ROH DOHS
WHAT SIZE? (see sizes P. 62, 63)	QUE TALLA? KEH TAH-YAH?
I DON'T KNOW	NO SE NOH SEH
I'LL TAKE IT	ME LO LLEVO MEH LOH YEH-BOH
HOW MUCH IS IT?	CUANTO ES? KOOAHN-TOH EHS?
HOW MUCH DO I OWE YOU?	CUANTO LE DEBO? KOOAHN-TOH LEH DEH-BOH?
IT'S TOO BIG	ESTA MUY GRANDE EHS-TAH MOOEE GRAHN-DEH
IT'S TOO SMALL	ESTA MUY CHICO EHS-TAH MOOEE CHEE-KOH

COLORS

COLOR	COLOR KOH-LOHR

(The stress is on the second syllable, the opposite of CO-LOR in English.)

RED	ROJO ROH-HOH
WHITE	BLANCO BLAHN-KOH
BLUE	AZUL AH-SOOL

LEAVING THE HOTEL/COLORS

BLACK	NEGRO <u>NEH</u>-GROH
GRAY	GRIS GREES
YELLOW	AMARILLO AH-MAH-<u>REE</u>-YOH
CREAM	CREMA <u>KREH</u>-MAH
GREEN	VERDE <u>BEHR</u>-DEH
PINK	ROSADO ROH-<u>SAH</u>-DOH
ORANGE	NARANJA NAH-<u>RAHN</u>-HAH
BROWN	CAFÉ KAH-<u>FEH</u>
PURPLE	MORADO MOH-<u>RAH</u>-DOH
BABY BLUE	CELESTE SEH-<u>LEHS</u>-TEH
NAVY BLUE	AZUL MARINO <u>AH</u>-SOOL MAH-<u>REE</u>-NOH

CLOTHING SIZES

SIZE (for clothes only)	**TALLA** <u>TAH</u>-YAH
SMALL SIZE	**TALLA CHICA** <u>TAH</u>-YAH <u>CHEE</u>-KAH
MEDIUM SIZE	**TALLA MEDIANA** <u>TAH</u>-YAH MEH-<u>DEEAH</u>-NAH

COLORS/CLOTHING SIZES

LARGE SIZE	TALLA GRANDE TAH-YAH GRAHN-DEH
EXTRA LARGE SIZE	TALLA EXTRA GRANDE TAH-YAH EXTRA GRAHN-DEH

LOST ARTICLES, POLICE EMERGENCIES, ETC.

I LOST MY BAG	PERDI MI BOLSA PEHR-DEE MEE BOHL-SAH
I LOST MY ...	PERDI MI ... PEHR-DEE MEE ...
WALLET	CARTERA KAHR-TEH-RAH
PASSPORT	PASAPORTE PAH-SAH-POHR-TEH
KEY	LLAVE YAH-BEH
MONEY	DINERO DEE-NEH-ROH
TRAVELERS CHECKS	CHEQUES DE VIAJERO CHEH-KEHS DEH BEEAH-HEH-ROH
GLASSES (for other articles, see Dictionary, P. 69)	LENTES LEHN-TEHS
I WAS ROBBED	ME ROBARON MEH ROH-BAH-ROHN
PLEASE CALL THE POLICE	POR FAVOR LLAME A LA POLICIA POHR FAH-BOHR YAH-MEH AH LA POH-LEE-SEE-AH

LOST ARTICLES/POLICE EMERGENCIES

DON'T BOTHER ME	NO ME MOLESTE NOH MEH MOH-<u>LEHS</u>-TEH
GO AWAY	VAYASE <u>BAH</u>-YAH-SEH
OR I'LL CALL THE POLICE	O LLAMO A LA POLICIA OH <u>YAH</u>-MOH AH LAH POH-LEE-<u>SEE</u>-AH
I NEED AN INTERPRETER	NECESITO UN INTERPRETE NEH-SEH-<u>SEE</u>-TOH OON EEN-<u>TEHR</u>-PREH-TEH
PLEASE HELP ME	AYUDEME POR FAVOR AH-<u>EEOO</u>-DEH-MEH POHR FAH-<u>BOHR</u>

SECTION "F"

HEALTH AND MEDICAL EMERGENCIES

REMEMBER

E as in <u>E</u>CHO   A as in F<u>A</u>THER

PAIN	DOLOR DOH-<u>LOHR</u>
I HAVE A HEADACHE	TENGO DOLOR DE CABEZA <u>TEHN</u>-GOH DOH-<u>LOHR</u> DEH KAH-<u>BEH</u>-SAH
I NEED SOME ASPIRIN	NECESITO UNA ASPIRINA NEH-SEH-<u>SEE</u>-TOH OONA AHS-PEE-<u>REE</u>-NAH MEJORAL* MEH-HOH-<u>RAHL</u>

*A very popular medicine for headache in Mexico

I HAVE HEARTBURN	TENGO ACIDEZ <u>TEHN</u>-GOH AH-SEE-<u>DEHS</u>
IS THERE A PHARMACY NEAR?	HAY ALGUNA FARMACIA CERCA? AHEE AHL-<u>GOO</u>-NAH FAHR-<u>MAH</u>-SEEAH <u>SEHR</u>-KAH?
I NEED SOME ASPIRIN	QUIERO UNAS ASPIRINAS <u>KEE/EH</u>-ROH <u>OO</u>-NAHS AHS-PEE-<u>REE</u>-NAHS
I WANT SOMETHING FOR HEARTBURN	QUIERO ALGO PARA LA ACIDEZ <u>KEE/EH</u>-ROH <u>AHL</u>-GOH <u>PAH</u>-RAH LAH AH-SEE-<u>DEHS</u>
I WANT SOMETHING FOR A COUGH	QUIERO ALGO PARA LA TOS <u>KEE/EH</u>-ROH <u>AHL</u>-GOH <u>PAH</u>-RAH LAH TOHS

HEALTH/MEDICAL EMERGENCIES

I WANT SOMETHING FOR DIARRHEA	QUIERO ALGO PARA LA DIARREA KEE/EH-ROH AHL-GOH PAH-RAH LAH DEEAH-REH-AH
I WANT A LAXATIVE	QUIERO UN LAXANTE KEE/EH-ROH OON LAHX-AHN-TEH
I WANT TO SEE A DOCTOR	QUIERO VER UN DOCTOR KEE/EH-ROH BEHR OON DOHK-TOHR

(Doctor is pronounced DOHK-TOHR, stressing the last syllable, just the opposite of DOCTOR in English.)

I FEEL FAINT	ME SIENTO MAREADO(A) (fem.) MEH SEE/EHN-TOH MAH-REH-AH-DOH(DAH)
I HAVE THE CHILLS	SIENTO ESCALOFRIO SEE/EHN-TOH EHS-KAH-LOH-FREE-OH
I FEEL SICK TO MY STOMACH	SIENTO NAUSEAS SEE/EHN-TOH NAH-OO-SEHAHS
I HAVE A TOOTH ACHE	TENGO DOLOR DE MUELAS TEHN-GOH DOH-LOHR DEH MOOEH-LAHS
I WANT TO SEE A DENTIST	QUIERO VER UN DENTISTA KEE/EH-ROH BEHR OON DEHN-TEES-TAH
I SUFFER FROM HIGH BLOOD PRESSURE	SUFRO DE ALTA PRESIÓN SOO-FROH DEH AHL-TAH PREH-SEEOHN
I SUFFER FROM LOW BLOOD PRESSURE	SUFRO DE BAJA PRESIÓN SOO-FROH DEH BAH-HAH PREH-SEEOHN

HEALTH/MEDICAL EMERGENCIES

I AM A DIABETIC	SOY DIABETICO(A) (fem.) SOHEE DEEAH-<u>BEH</u>-TEE-KOH(KAH)
IT HURTS HERE	ME DUELE AQUI MEH <u>DOOEH</u>-LEH AH-<u>KEE</u>

NOTES

SECTION "G"

A DICTIONARY—WORDS AND PHRASES TO HELP YOU GET BY IN MEXICO

REMEMBER

E as in E̲CHO   A as in FA̲THER

THE LETTER (F) INDICATES THE FEMININE GENDER.

DICTIONARY

A—UN, OON, UNA (F), OONAH
ACCIDENT—ACCIDENTE, AHK-SEE-DEHN-TEH
ACHE—DOLOR DOH-LOHR (see Medical Emergencies)
ADDRESS—DIRECCIÓN DEE-REHK-SEEOHN
AGREE, I AGREE—ESTOY DE ACUERDO EHS-TOY DEH AH-KOOEHR-DOH
AFTER—DESPUES DEHS-POOEHS
AFTERNOON—TARDE TAHR-DEH
AGAIN—OTRA VEZ OH-TRAH BEHS
AGE—EDAD EH-DAHD
AID—AYUDA AH-EEOO-DAH
AIR—AIRE AHEE-REH
AIR FILTER—FILTRO DE AIRE FEEL-TROH DEH AHEE-REH
AIRPORT—AEREOPUERTO AH-EH-REHO-POOEHR-TOH
ALARM CLOCK—DESPERTADOR DEHS-PEHR-TAH-DOHR
ALL—TODO TOH-DOH
ALLERGY—ALERGIA AH-LEHR-HEAH
ALLOWED (IS IT?)—ES PERMITIDO? EHS PEHR-MEE-TEE-DOH?
ALONE—SOLO SOH-LOH

ALSO—TAMBIEN TAHM-<u>BEE</u>/EHN
ALWAYS—SIEMPRE <u>SEE</u>/EHM-PREH
AM, I AM—SOY SOHEE
AMERICAN—AMERICANO AH-MEH-REE-<u>KAH</u>-NOH(M)
  AH-MEH-REE-<u>KAH</u>-NAH(F)
AMUSING—DIVERTIDO DEE-BEHR-<u>TEE</u>-DOH
AN—UN OON UNA <u>OO</u>-NAH(F)
AND—Y EE
ANGRY—ENOJADO EH-NOH-<u>HAH</u>-DOH,
  EH-NOH-<u>HAH</u>-DAH(F)
ANKLE—TOBILLO TOH-<u>BEE</u>-YOH
ANNOY—MOLESTAR MOH-LEHS-<u>TAHR</u>
ANOTHER—OTRA <u>OH</u>-TRAH(F) OTRO <u>OH</u>-TROH(M)
ANYONE—ALGUIEN AHL-<u>GEE</u>/EHN (G as in GO)
APOLOGIZE (I)—LO SIENTO LOH-<u>SEE</u>/EHN-TOH
APPETITE—APETITO AH-PEH-<u>TEE</u>-TOH
APPETIZERS—BOTANA (Mexico) BOH-<u>TAH</u>-NAH
ASHTRAY—CENICERO SEH-NEE-<u>SEH</u>-ROH
ASK—PREGUNTAR PREH-GOON-<u>TAHR</u>
ASLEEP—DORMIDO DOHR-<u>MEE</u>-DOH
ASPIRIN—ASPIRINA AHS-PEE-<u>REE</u>-NAH
ATTENTION—ATENCIÓN AH-TEHN-SEE-<u>OHN</u>
AUGUST—AGOSTO AH-<u>GOHS</u>-TOH (G as in GO)
AUTO—AUTO <u>AHOO</u>-TOH, CARRO <u>KAH</u>-RROH
AVENUE—AVENIDA AH-BEH-<u>NEE</u>-DAH
AWAIT—ESPERAR EHS-PEH-<u>RAHR</u>
AWAKE—DESPERTAR DEHS-PEHR-<u>TAHR</u>
AWFUL—TERRIBLE TEH-<u>REE</u>-BLEH

BABY—BEBÉ BEH-<u>BEH</u>
BACHELOR—SOLTERO SOHL-<u>TEH</u>-ROH
BACK—ESPALDA EHS-<u>PAHL</u>-DAH
BACON—TOCINO TOH-<u>SEE</u>-NOH
BAD—MALO <u>MAH</u>-LOH
BADLY—MAL MAHL
BAG—BOLSA <u>BOHL</u>-SAH HANDBAG (same)
BAGGAGE—EQUIPAJE EH-KEE-<u>PAH</u>-HEH
BAGGAGE CHECK—TALON TAH-<u>LOHN</u>

BAKERY—PANADERIA PAH-NAH-DEH-<u>REEAH</u>
BAKED—AL HORNO AHL <u>OHR</u>-NOH
BALCONY—BALCON BAHL-<u>KOHN</u>
BANANA—PLATANO (Mexico) <u>PLAH</u>-TAH-NOH
BANK—BANCO <u>BAHN</u>-KOH
BAR—BAR BAHR
BATHE—BAÑARSE BAH-<u>NYAHR</u>-SEH
BATH—BAÑO BAH-<u>NYOH</u>
BATHING SUIT—TRAJE DE BAÑO <u>TRAH</u>-HEH DEH BAH-<u>NYOH</u>
BATHROOM—BAÑO BAH-<u>NYOH</u>
BARBER—PELUQUERO (Mexico) PEH-LOO-<u>KEH</u>-ROH
BATTERY—ACUMULADOR AH-KOO-MOO-LAH-<u>DOHR</u>
also BATERIA BAH-TEH-<u>REE</u>-AH
(for cameras, flashlights) PILAS <u>PEE</u>-LAHS
BEACH—PLAYA <u>PLAH</u>-EEAH
BEAUTIFUL—HERMOSO EHR-<u>MOH</u>-SOH (M) HERMOSA EHR-<u>MOH</u>-SAH (F)
BEAUTY SALON—SALON DE BELLEZA SAH-<u>LOHN</u> DEH BEH-<u>YEH</u>-SAH
BECAUSE—PORQUE <u>POHR</u>-KEH
BED—CAMA <u>KAH</u>-MAH **GO TO BED**—ACOSTARSE AH-KOHS-<u>TAHR</u>-SEH
BEDROOM—RECAMARA (Mexico) REH-<u>KAH</u>-MAH-RAH
BEEF—CARNE DE RES KAHR-<u>NEH</u> DEH REHS
BEER—CERVEZA SEHR-<u>BEH</u>-SAH
BELLHOP, BELLBOY—BOTONES BOH-<u>TOH</u>-NEHS
(Bellboy commonly used in Mexico)
BEFORE—ANTES <u>AHN</u>-TEHS
BELT—CINTO <u>SEEN</u>-TOH, CINTURON SEEN-TOO-<u>ROHN</u>
BETTER—MEJOR MEH-<u>HOHR</u>
BIG—GRANDE <u>GRAHN</u>-DEH
BILL—CUENTA <u>KOOEHN</u>-TAH
BIRTHDAY—CUMPLEAÑOS KOOM-PLEH-AH-<u>NYOHS</u>
BIT, A BIT—POQUITO POH-<u>KEE</u>-TOH
BITTER—AMARGO AH-<u>MAHR</u>-GOH
BLACK—NEGRO <u>NEH</u>-GROH
BLISTER—AMPOLLA AHM-<u>POH</u>-YAH

BLADE (razor)—HOJA DE RASURAR <u>OH</u>-HAH DEH RAH-SOO-<u>RAHR</u>
BLOCK (city)—CUADRA <u>KOOAH</u>-DRAH
BLOND—HUERO (Mexico) <u>OOEH</u>-ROH, HUERA <u>OOEH</u>-RAH (F) also RUBIO <u>ROO</u>-BEEOH (A)
BLOOD—SANGRE <u>SAHN</u>-GREH
BLOUSE—BLUSA <u>BLOO</u>-SAH
BLUE—AZUL AH-<u>SOOL</u>
BOAT—BARCO <u>BAHR</u>-KOH
BOILED—HERVIDO EHR-<u>BEE</u>-DOH
BOILED WATER—AGUA HERVIDA AH-<u>GOOAH</u> EHR-<u>BEE</u>-DAH
BOOTS—BOTAS <u>BOH</u>-TAHS
BORDER—FRONTERA FROHN-<u>TEH</u>-RAH
BOOK—LIBRO <u>LEE</u>-BROH
  GUIDEBOOK—GUIA DEL VIAJERO <u>GEE</u>-AH DEHL BEEAH-<u>HEH</u>-ROH (G as in GO)
BOTH—AMBOS <u>AHM</u>-BOHS also LOS DOS LOHS DOHS
BOTTLE—BOTELLA BOH-<u>TEH</u>-YAH
BOY—MUCHACHO MOO-<u>CHA</u>-CHO
BRACELET—PULSERA POOL-<u>SEH</u>-RAH
BRANDY (same)
BREAD—PAN PAHN
BREATH—RESPIRACIÓN REHS-PEE-RAH-<u>SEEOHN</u>
BRIDGE—PUENTE <u>POOEHN</u>-TEH
BROKEN—ROTO <u>ROH</u>-TOH
BROTHER—HERMANO EHR-<u>MAH</u>-NOH
BRUSH—CEPILLO SEH-<u>PEE</u>-YOH
BULLFIGHT—CORRIDA DE TOROS KOH-<u>REE</u>-DAH DEH <u>TOH</u>-ROHS
BUS—AUTOBUS AHOO-TOH-<u>BOOS</u> (buses in Mexico that make long runs)
BUS—CAMIÓN KAH-<u>MEEOHN</u> (city bus—Mexico)
BUSINESS—NEGOCIO NEH-<u>GOH</u>-SEEOH
BUSY—OCUPADO OH-KOO-<u>PAH</u>-DOH
BUTTER—MANTEQUILLA MAHN-TEH-<u>KEE</u>-YAH
BUTTON—BOTÓN BOH-<u>TOHN</u>
BUY—COMPRAR KOHM-<u>PRAHR</u>

CAB, TAXI—TAXI (same, also) LIBRE LEE-BREH (Mexico)
CABIN—CABAÑA KAH-BAH-NYA
  on board ship CAMAROTE KAH-MAH-ROH-TEH
CAFE—CAFÉ KAH-FEH
CAKE (same)
CALL (telephone)—LLAMADA YAH-MAH-DAH
CALL (to make a)—LLAMAR YAH-MAHR
CAMERA—CAMARA KAH-MAH-RAH
CANADIAN—CANADIENSE KAH-NAH-DEE/EHN-SEH
CANCEL—CANCELAR KAHN-SEH-LAHR
CAR—CARRO KAH-RROH
CARBURETOR—CARBURADOR KAHR-BOO-RAH-DOHR
CARD—TARJETA TAHR-HEH-TAH
CARE—CUIDADO KOOEE-DAH-DOH
CASH—EFECTIVO EH-FEHK-TEE-BOH
CATHOLIC—CATOLICO KAH-TOH-LEE-KOH
  KAH-TOH-LEE KAH (F)
CATSUP—SALSA DE TOMATE SAHL-SAH DEH
  TOH-MAH-TEH
CHAIR—SILLA SEE-YAH
CHAMBERMAID—CAMARERA KAH-MAH-REH-RAH
CHAMPAGNE—CHAMPAÑA CHAHM-PAH-NYAH
CHANGE (money)—CAMBIO KAHM-BEEOH
CHANGE (to change money) MONEY EXCHANGE—CASA
  DE CAMBIO KAH-SAH DEH KAHM-BEEOH
CHEAP—BARATO BAH-RAH-TOH
CHECK—CHEQUE CHE-KEH **TRAVELERS
  CHECK**—CHEQUE DE VIAJERO CHE-KEH DEH
  BEEAH-HEH-ROH
CHEESE—QUESO KEH-SOH
CHICKEN—GALLINA GAH-YEE-NAH, POLLO POH-YOH
CHILD—NIÑO NEE-NYOH (boy), NIÑA NEE-NYAH (girl)
CHOCOLATE—CHOCOLATE CHO-KOH-LAH-TEH
CIGAR—PURO POO-ROH
CIGARETTE—CIGARRO (Mexico) SEE-GAH-RROH
CLASS (first)—PRIMERA CLASE PREE-MEH-RAH
  KLAH-SEH

(second)—SEGUNDA CLASE SEH-<u>GOON</u>-DAH <u>KLAH</u>-SEH
CLEAN—LIMPIO <u>LEEM</u>-PEEOH **TO CLEAN**—LIMPIAR LEEM-<u>PEEAHR</u>
CLEANERS—TINTORERIA TEEN-TOH-REH-<u>REE</u>-RAH
CLOSE (near)—CERCA <u>SEHR</u>-KAH
CLOSED—CERRADO SEH-<u>RRAH</u>-DOH
CLOTHES—ROPA <u>ROH</u>-PAH
COCKTAIL—COCKTAIL KOHK-<u>TEHL</u>
COFFEE—CAFÉ KAH-<u>FEH</u>
COGNAC—COÑAC KOH-<u>NYAHK</u>
COLD—FRIO <u>FREE</u>-OH
COLOR—COLOR KOH-<u>LOHR</u>
COMB—PEINE <u>PEHEE</u>-NEH
CONSTIPATED—ESTRIÑIDO EHS-TREE-<u>NYEE</u>-DOH, DAH (F)
COOL—FRESCO <u>FREHS</u>-KOH
COPY—COPIA KOH-<u>PEEAH</u>
CORNER—ESQUINA EHS-<u>KEE</u>-NAH
CORRECT—CORRECTO KOH-<u>REHK</u>-TOH
COST—COSTAR KOHS-<u>TAHR</u>
COTTON—ALGODON AHL-GOH-<u>DOHN</u>
COUGH—TOS TOHS
CRAZY—LOCO <u>LOH</u>-KOH, <u>LOH</u>-KAH (F)
CREAM—CREMA <u>KREH</u>-MAH
CRYSTAL—CRISTAL KREES-<u>TAHL</u>
CUP—TAZA <u>TAH</u>-SAH
CUFF LINKS—MANQUERNILLAS (Mexico) MAN-KOOEHR-<u>NEE</u>-YAHS
CUSTOMS—ADUANA AH-<u>DOOAH</u>-NAH
CUTLET—CHULETA CHOO-<u>LEH</u>-TAH

DAILY—DIARIAMENTE DEEAH-REEAH-<u>MEHN</u>-TEH
DAMAGED—DAÑADO DAH-<u>NYAH</u>-DOH
DAMP—HUMEDO OO-<u>MEH</u>-DOH
DANCE (to)—BAILAR BAHEE-<u>LAHR</u>
DANGER—PELIGRO PEH-<u>LEE</u>-GHROH
DATE—CITA <u>SEE</u>-TAH (appointment or to go out)
DATE (time)—FECHA <u>FEH</u>-CHAH

DAUGHTER—HIJA <u>EE</u>-HAH
DAY—DIA <u>DEE</u>-AH, **A DAY**—POR DIA POHR <u>DEE</u>-AH (on a daily basis)
DECEMBER—DICIEMBRE DEE-<u>SEE/EHM</u>-BREH
DEEP—HONDO (Mexico) <u>OHN</u>-DOH (water)
DELICIOUS—DELICIOSO DEH-LEE-<u>SEEOH</u>-SOH
DENTIST—DENTISTA DEHN-<u>TEES</u>-TAH
DEODORANT—DESODORANTE DEH-SOH-DOH-<u>RAHN</u>-TEH
DEPARTURE—SALIDA SAH-<u>LEE</u>-DAH
DESSERT—POSTRE <u>POHS</u>-TREH
DEVELOP (film)—REVELADO REH-BEH-<u>LAH</u>-DOH
DIARRHEA—DIARREA DEEAH-<u>RREH</u>-AH
DIAPERS—PAÑALES PAH-<u>NYAH</u>-LEHS
DICTIONARY—DICCIONARIO DEEK-SEEOH-<u>NAH</u>-REEOH
DIFFERENT—DIFERENTE DEE-FEH-<u>REHN</u>-TEH
DIFFERENCE—DIFERENCIA DEE-FEH-<u>REHN</u>-SEEAH
DIFFICULT—DIFICIL DEE-<u>FEE</u>-SEEL
DINNER—CENA <u>SEH</u>-NAH
DINING CAR—CARRO COMEDOR <u>KAH</u>-RROH KOH-MEH-<u>DOHR</u>
DINING ROOM—COMEDOR KOH-MEH-<u>DOHR</u>
DIRECT—DIRECTO DEE-<u>REHK</u>-TOH
DIRECTION—DIRECCIÓN DEE-REHK-<u>SEEOHN</u>
DIRTY—SUCIO <u>SOO</u>-SEEOH
DISCOUNT—DESCUENTO DEHS-<u>KOOEHN</u>-TOH
DISH—PLATO <u>PLAH</u>-TOH
DISTANCE—DISTANCIA DEES-<u>TAHN</u>-SEEAH
DISTURB—MOLESTAR MOH-LEHS-<u>TAHR</u>
DIVORCED—DIVORCIADO DEE-BOHR-<u>SEEAH</u>-DOH, DAH (F)
DOLLAR—DOLAR <u>DOH</u>-LAHR
DOUBLE ROOM—CUARTO DOBLE <u>KOOAHR</u>-TOH <u>DOH</u>-BLEH
DOWNTOWN—CENTRO <u>SEHN</u>-TROH
DOCTOR—DOCTOR DOHK-<u>TOHR</u>
DRESS—VESTIDO BEHS-<u>TEE</u>-DOH
DRINK—BEBIDA BEH-<u>BEE</u>-DAH

DRIVE—MANEJAR MAH-NEH-<u>HAR</u>
DRIVER—CHOFER <u>CHO</u>-FEHR
DRUGSTORE—FARMACIA FAHR-<u>MAH</u>-SEEAH
DRUNK—BORRACHO BOH-<u>RRAH</u>-CHOH,
  BOH-<u>RRAH</u>-CHAH (F)
DUTCH—HOLANDES OH-LAHN-<u>DEHS</u>,
  OH-LAHN-<u>DEH</u>-SAH (F)

EACH—CADA <u>KAH</u>-DAH
EACH ONE—CADA UNO <u>KAH</u>-DAH <u>OO</u>-NOH
EAR—OIDO OH-<u>EE</u>-DOH
EAR ACHE—DOLOR DE OIDO DOH-<u>LOHR</u> DEH
  OH-<u>EE</u>-DOH
EARLY—TEMPRANO TEHM-<u>PRAH</u>-NOH
EARRING—ARETE AH-<u>REH</u>-TEH
EAT—COMER KOH-<u>MEHR</u>
EGGS—HUEVOS <u>OOEH</u>-BOHS
EIGHT—OCHO <u>OH</u>-CHO
EIGHTEEN—DIECIOCHO DEE/EH-SEE-<u>OH</u>-CHOH
ELBOW—CODO <u>KOH</u>-DOH
ELEVATOR—ELEVADOR (Mexico) EH-LEH-BAH-<u>DOHR</u>
ELEVEN—ONCE <u>OHN</u>-SEH
EMBARRASSED—APENADO AH-PEH-<u>NAH</u>-DOH
EMBASSY—EMBAJADA EHM-BAH-<u>HAH</u>-DAH
  AMERICAN EMBASSY—EMBAJADA AMERICANA
  EHM-BAH-<u>HAH</u>-DAH AH-MEH-REE-<u>KAH</u>-NAH
EMERGENCY—EMERGENCIA EH-MEHR-<u>HEHN</u>-SEEAH
ENGLISH—INGLES EEN-<u>GLEHS</u>, EEN-<u>GLEH</u>-SAH (F) (the
  language, same) INGLES
ENTERTAINING—DIVERTIDO DEE-BEHR-<u>TEE</u>-DOH
ENVELOPE—SOBRE <u>SOH</u>-BREH
ERROR—ERROR EH-<u>RROHR</u>
EVENING—NOCHE <u>NOH</u>-CHEH **GOOD**
  EVENING—BUENAS NOCHES <u>BOOEH</u>-NAHS
  <u>NOH</u>-CHEHS
EVERYTHING—TODO <u>TOH</u>-DOH
EVERYTHING TOGETHER—TODO JUNTO <u>TOH</u>-DOH
  <u>HOON</u>-TOH

EXCELLENT—EXCELENTE EHX-SEH-<u>LEHN</u>-TEH
EXCHANGE RATE—TIPO DE CAMBIO <u>TEE</u>-POH DEH-KAHM-<u>BEEOH</u>
EXIT—SALIDA SAH-<u>LEE</u>-DAH
EXPENSIVE—CARO <u>KAH</u>-ROH
EXTRA—EXTRA (same)
EYE—OJO <u>OH</u>-HOH
EYEGLASSES—LENTES <u>LEHN</u>-TEHS

FAINT—DESMAYO DEHS-<u>MAH</u>-YOH
FALL—CAIDA KAH-<u>EE</u>-DAH
FALSE—FALSO <u>FAHL</u>-SOH
FAN (air)—ABANICO AH-BAH-<u>NEE</u>-KOH
FAR—LEJOS <u>LEH</u>-HOHS **HOW FAR?**—QUE TAN LEJOS? KEH TAHN <u>LEH</u>-HOHS?
FARE—TARIFA TAH-<u>REE</u>-FAH
FATHER—PADRE <u>PAH</u>-DREH
FAULT—CULPA <u>KOOL</u>-PAH **MY FAULT**—MI CULPA MEE <u>KOOL</u>-PAH
FEBRUARY—FEBRERO FEH-<u>BREH</u>-ROH
FEVER—FIEBRE <u>FEE/EH</u>-BREH
FIFTEEN—QUINCE <u>KEEN</u>-SEH
FIFTY—CINCUENTA SEEN-<u>KOOEHN</u>-TAH
FINE (quality)—FINO <u>FEE</u>-NOH **IT'S FINE**—ESTA BIEN EHS-<u>TAH</u> BEE/EHN
FIRST—PRIMERO PREE-<u>MEH</u>-ROH
FISH (food)—PESCADO PEHS-<u>KAH</u>-DOH **TO FISH**—PESCAR PEHS-<u>KAHR</u>
FIVE—CINCO <u>SEEN</u>-KOH
FIX—ARREGLAR AH-RREH-<u>GLAHR</u> (G as in GO)
FLAT TIRE—LLANTA PONCHADA <u>YAHN</u>-TAH POHN-<u>CHA</u>-DAH (Mexico)
FLIGHT (plane)—VUELO <u>BOOEH</u>-LOH
FLUID—LIQUIDO <u>LEE</u>-KEE-DOH
FLY (insect)—MOSCA <u>MOHS</u>-KAH
FOG—NIEBLA <u>NEE/EH</u>-BLAH
FOOT—PIE PEE/EH
FORGET—OLVIDAR OHL-<u>BEE</u>-DAHR

FORK—TENEDOR TEH-NEH-<u>DOHR</u>
FORTY—CUARENTA KOOAH-<u>REHN</u>-TAH
FOUR—CUATRO <u>KOOAH</u>-TROH
FOURTEEN—CATORCE KAH-<u>TOHR</u>-SEH
FRACTURE—FRACTURA FRAHK-<u>TOO</u>-RAH
FRAGILE—FRAGIL <u>FRAH</u>-HEEL
FRESH—FRESCO <u>FREHS</u>-KOH
FRIDAY—VIERNES <u>BEE/EHR</u>-NEHS
FRIED—FRITO <u>FREE</u>-TOH
FRIEND—AMIGO AH-<u>MEE</u>-GOH (M), AMIGA AH-<u>MEE</u>-GAH (F)
FRUIT—FRUTA <u>FROO</u>-TAH
FUEL PUMP—BOMBA DE GASOLINA <u>BOHM</u>-BAH DEH GAH-SOH-<u>LEE</u>-NAH

GAS, GASOLINE—GASOLINA GAH-SOH-<u>LEE</u>-NAH
GAS STATION—GASOLINERA GAH-SOH-LEE-<u>NEH</u>-RAH (Mexico)
GENTLEMAN—CABALLERO KAH-BAH-<u>YEH</u>-ROH
GERMAN—ALEMAN AH-LEH-<u>MAHN</u> (<u>MAH</u>-NAH) (F)
GET—CONSEGUIR KOHN-SEH-<u>GEER</u>
GET FOR ME—CONSEGUIRME KOHN-SEH-<u>GEER</u>-MEH
GET OFF—BAJARSE BAH-<u>HAHR</u>-SEH
GET ON—SUBIRSE SOO-<u>BEER</u>-SEH
GIFT—REGALO REH-<u>GAH</u>-LOH
GIN—GINEBRA HEE-<u>NEH</u>-BRAH
GIRL—MUCHACHA MOO-<u>CHA</u>-CHA
GIVE—DAR DAHR
GLAD—CONTENTO KOHN-<u>TEHN</u>-TOH, TAH (F)
GLADLY—CON MUCHO GUSTO KOHN <u>MOO</u>-CHO <u>GOOS</u>-TOH
GLASS (to drink)—VASO <u>BAH</u>-SOH
GLASSES (eye)—LENTES <u>LEHN</u>-TEHS
GLOVES—GUANTES <u>GOOAHN</u>-TEHS
GO, TO GO—IR EER
GOLD—ORO <u>OH</u>-ROH
GOOD—BUENO <u>BOOEH</u>-NOH
GOOD-BYE—ADIOS AH-<u>DEEOHS</u>

GRAY—GRIS GREES
GREASE (to lubricate)—ENGRASAR EHN-GRAH-<u>SAHR</u>
GREEN—VERDE <u>BEHR</u>-DEH
GUIDE—GIA <u>GEE</u>-AH (G as in GO)
GUITAR—GUITARRA GEE-<u>TAH</u>-RRAH (G as in GO)
GUM (chewing)—CHICLE <u>CHEE</u>-KLEH (Mexico)

HAIRCUT—CORTE DE PELO <u>KOHR</u>-TEH DEH <u>PEH</u>-LOH
HAIRBRUSH—CEPILLO SEH-<u>PEE</u>-YOH
HAIRDRESSER—PEINADORA PEHEE-NAH-<u>DOH</u>-RAH
HALF—MITAD MEE-<u>TAHD</u>
HAND—MANO <u>MAH</u>-NOH
HANDSOME—GUAPO <u>GOOAH</u>-POH
HAPPY—FELIZ FEH-<u>LEES</u>
HARD (tough)—DURO <u>DOO</u>-ROH
HARD (difficult)—DIFICIL DEE-FEE-<u>SEEL</u>
HAT—SOMBRERO SOHM-<u>BREH</u>-ROH
HAVE—TENER TEH-<u>NEHR</u> **I HAVE**—YO TENGO EEOH <u>TEHN</u>-GOH (G as in GO) **DO YOU HAVE?**—TIENE? <u>TEE/EH</u>-NEH?
HE—EL EHL
HEADACHE—DOLOR DE CABEZA DOH-<u>LOHR</u> DEH KAH-<u>BEH</u>-SAH
HEART—CORAZÓN KOH-RAH-<u>SOHN</u>
HELLO—HOLA <u>OH</u>-LAH
HELP—AYUDA AH-<u>EEOO</u>-DAH
HELP ME—AYUDEME AH-<u>EEOO</u>-DEH-MEH
HERE—AQUI AH-<u>KEE</u>
HIRE—ALQUILAR AHL-KEE-<u>LAHR</u>
HORSE—CABALLO KAH-<u>BAH</u>-YOH
HOSPITAL—HOSPITAL OHS-PEE-<u>TAHL</u>
HOTEL—HOTEL OH-<u>TEHL</u>
HOUR—HORA <u>OH</u>-RAH **BY THE HOUR**—POR HORA POHR <u>OH</u>-RAH (H is silent)
HOW?—COMO? <u>KOH</u>-MOH?
HOW ARE YOU?—COMO ESTA USTED? <u>KOH</u>-MOH EHS-<u>TAH</u> <u>OOS</u>-TEHD?
HOW FAR?—QUE TAN LEJOS? KEH TAHN <u>LEH</u>-HOHS?

HOW LONG? (time)—CUANTO TIEMPO? KOOAHN-TOH TEE/EHM-POH?
HOW MUCH?—CUANTO KOOAHN-TOH?
HOW MUCH MORE?—CUANTO MAS? KOOAHN-TOH MAHS?
HUNGRY (to be)—TENER HAMBRE TEH-NEHR AHM-BREH
HURRY UP—DESE PRISA DEH-SEH PREE-SAH
HUSBAND—ESPOSO EHS-POH-SOH

I—YO YOH
ICE—HIELO EE/EH-LOH
ICE WATER—AGUA CON HIELO AH-GOOAH KOHN EE/EH-LOH
ICE CREAM—HELADO EH-LAH-DOH, NIEVE NEE/EH-BEH (Mexico)
IDENTIFICATION—IDENTIFICACIÓN EE-DEHN-TEE-FEE-KAH-SEEOHN
ILL—ENFERMO EHN-FEHR-MOH, MAH (F)
IMPORTANT—IMPORTANTE EEM-POHR-TAHN-TEH
IMPOSSIBLE—IMPOSIBLE EEM-POH-SEE-BLEH
INCLUDED—INCLUIDO EEN-KLOO-EE-DOH
INDIGESTION—INDIGESTIÓN EEN-DEE-HEHS-TEE/OHN
INEXPENSIVE—BARATO BAH-RAH-TOH
INFECTION—INFECCIÓN EEN-FEK-SEEOHN
INFORMATION—INFORMACIÓN EEN-FOHR-MAH-SEEOHN
INSURANCE—SEGURO SEH-GOO-ROH
INTERPRETER—INTERPRETE EEN-TEHR-PREH-TEH
INVITATION—INVITACIÓN EEN-BEE-TAH-SEEOHN **TO INVITE**—INVITAR EEN-BEE-TAHR
ITALIAN—ITALIANO EE-TAH-LEEAH-NOH, NAH (F)

JACKET—CHAMARRA CHA-MAH-RRAH (Mexico) CHAQUETA CHAH-KEH-TAH
JAM—MERMELADA MEHR-MEH-LAH-DAH
JANUARY—ENERO EH-NEH-ROH
JAPANESE—JAPONES HAH-POH-NEHS, NEH-SAH (F)

JEWELS—JOYAS HOH-YAHS
JEWELRY STORE—JOYERIA HOH-EE/EH-REE-AH
JEWISH—JUDIO HOO-DEE-OH, DEE-AH (F)
JOKE—BROMA BROH-MAH
JUICE—JUGO HOO-GOH
JULY—JULIO HOO-LEEOH
JUNE—JUNIO HOO-NEEOH

KEEP—GUARDAR GOOAHR-DAHR
KEEP IT—QUEDESELO KEH-DEH-SEH-LOH **FOR YOU**—PARA USTED PAH-RAH OOS-TEHD
KEY—LLAVE YAH-BEH
KIDNEYS—RIÑONES REE-NYOH-NEHS
KILOGRAM—KILOGRAMO KEE-LOH-GRAH-MOH also KILO KEE-LOH
KILOMETER—KILOMETRO KEE-LOH-MEH-TROH Abr. KM, KMS
KIND—AMABLE AH-MAH-BLEH **VERY KIND**—MUY AMABLE MOOEE AH-MAH-BLEH
KISS—BESO BEH-SOH
KNEE—RODILLA ROH-DEE-YAH
KNIFE—CUCHILLO KOO-CHEE-YOH

LADIES' ROOM—BAÑO PARA LAS DAMAS BAH-NYOH PAH-RAH LAHS DAH-MAHS
LADY—SEÑORA SEH-NYOH-RAH
LAMP—LAMPARA LAHM-PAH-RAH
LARGE—GRANDE GRAHN-DEH
LATE—TARDE TAHR-DEH
LAUNDRY—LAVANDERIA LAH-BAHN-DEH-REE-AH
LEATHER—CUERO KOOEH-ROH
LEFT—IZQUIERDA EES-KEE/EHR-DAH
LEMON—LIMÓN LEE-MOHN
LESS—MENOS MEH-NOHS
LET—PERMITIR PEHR-MEE-TEER
LETTER—CARTA KAHR-TAH
LIE (down)—ACOSTARSE AH-KOHS-TAHR-SEH
LIE (untruth)—MENTIRA MEHN-TEE-RAH

LIE (to tell a)—MENTIR MEHN-<u>TEER</u>
LIP-STICK—LAPIZ LABIAL <u>LAH</u>-PEES LAH-<u>BEE</u>/AHL
LIQUOR—LICOR LEE-<u>KOHR</u>
LIQUOR STORE—LICORERIA LEE-KOH-REH-<u>REE</u>-AH
LITTLE—PEQUEÑO PEH-<u>KEH</u>-NYOH
A LITTLE—POQUITO POH-<u>KEE</u>-TOH
LOBBY (same—Mexico)
LONG—LARGO <u>LAHR</u>-GOH **HOW LONG? (time)** CUANTO TIEMPO <u>KOOAHN</u>-TOH <u>TEE/EHM</u>-POH
LONG DISTANCE CALL—LLAMADA A LARGA DISTANCIA YAH-<u>MAH</u>-DAH AH <u>LAHR</u>-GAH DEES-<u>TAHN</u>-SEEAH
LOST (I am)—ANDO PERDIDO <u>AHN</u>-DOH PEHR-<u>DEE</u>-DOH
LOST (I have lost...)—PERDI... PEHR-<u>DEE</u>...
LOTION—LOCIÓN LOH-SEE/<u>OHN</u>
LOTS (of)—MUCHO <u>MOO</u>-CHO **MANY**—MUCHOS <u>MOO</u>-CHOHS
LOUD (noise)—RUIDO ROOEE-<u>DOH</u>
LOUD—RUIDOSO ROOEE-<u>DOH</u>-SOH
LUCK—SUERTE <u>SOOEHR</u>-TEH **GOOD LUCK**—BUENA SUERTE <u>BOOEH</u>-NAH SOO-<u>EHR</u>-TEH
LUGGAGE—EQUIPAJE EH-KEE-<u>PAH</u>-HEH
LUNCH (midday meal)—COMIDA (Mexico) KOH-<u>MEE</u>-DAH
LUNG—PULMÓN POOL-<u>MOHN</u>

MAD (insane)—LOCO <u>LOH</u>-KOH A (F)
MADAM—SEÑORA SEH-<u>NYOH</u>-RAH
MAID—CAMARERA KAH-MAH-<u>REH</u>-RAH
MAIL—CORREO KOH-<u>RREH</u>-OH
MAILBOX—BUZÓN BOO-<u>SOHN</u>
MAGAZINE—REVISTA REH-<u>BEES</u>-TAH
MAN—HOMBRE <u>OHM</u>-BREH
MANAGER—GERENTE HEH-<u>REHN</u>-TEH (G sounds like H in HEN)
MANICURE—MANICURA MAH-NEE-<u>KOO</u>-RAH
MANY—MUCHOS <u>MOO</u>-CHOS
MAP—MAPA <u>MAH</u>-PAH
MARCH—MARZO <u>MAHR</u>-SOH

MARKET—MERCADO MEHR-<u>KAH</u>-DOH
MARRIED—CASADO KAH-<u>SAH</u>-DOH, KAH-<u>SAH</u>-DAH (F)
MAY—MAYO <u>MAH</u>-YOH
MAYBE—TAL VEZ TAHL BEHS, QUIZA KEE-<u>SAH</u>
MEAL—COMIDA KOH-<u>MEE</u>-DAH
MEAT—CARNE <u>KAHR</u>-NEH
MECHANIC—MECANICO MEH-<u>KAH</u>-NEE-KOH
MEDICINE—MEDICINA MEH-DEE-<u>SEE</u>-NAH
MEN'S ROOM—BAÑO DE SEÑORES BAH-<u>NYOH</u> DEH SEH-<u>NYOH</u>-REHS
MENU—MENU MEH-<u>NOO</u> also CARTA <u>KAHR</u>-TAH (Mexico)
MEXICAN—MEXICANO MEH-HEE-<u>KAH</u>-NOH, <u>KAH</u>-NAH (F)
MILK—LECHE <u>LEH</u>-CHEH
MINE—MIO <u>MEE</u>-OH
MINERAL WATER—AGUA MINERAL <u>AH</u>-GOOAH MEE-NEH-<u>RAHL</u>
MISS—SEÑORITA SEH-NYOH-<u>REE</u>-TAH
MISSING—PERDIDO PEHR-<u>DEE</u>-DOH
MISTAKE—ERROR EH-<u>RROHR</u>
MOMENT—MOMENTO MOH-<u>MEHN</u>-TOH
MONDAY—LUNES <u>LOO</u>-NEHS
MONEY—DINERO DEE-<u>NEH</u>-ROH
MONEY ORDER—GIRO POSTAL <u>HEE</u>-ROH POHS-<u>TAHL</u>
MORNING—MAÑANA MAH-<u>NYAH</u>-NAH **GOOD MORNING**—BUENOS DIAS <u>BOOEH</u>-NOHS <u>DEE</u>-AHS
MOTHER—MADRE <u>MAH</u>-DREH
MR.—SEÑOR SEH-<u>NYOHR</u>
MRS.—SEÑORA SEH-<u>NYOH</u>-RAH
MUCH—MUCHO <u>MOO</u>-CHO **HOW MUCH?**—CUANTO? <u>KOOAHN</u>-TOH?
MUSEUM—MUSEO MOO-<u>SEH</u>-OH

NAME—NOMBRE <u>NOHM</u>-BREH **LAST NAME**—APELLIDO AH-PEH-<u>YEE</u>-DOH
NAPKIN—SERVILLETA SEHR-BEE-<u>YEH</u>-TAH
NATIONALITY—NACIONALIDAD

NAH-SEEOH-NAH-LEE-<u>DAHD</u>
NAUSEATED—NAUSEAS <u>NAHOO</u>-SEH-AHS
NEAR—CERCA <u>SEHR</u>-KAH
NECESSARY—NECESARIO NEH-SEH-<u>SAH</u>-REEOH
NECKLACE—COLLAR KOH-<u>YAHR</u>
NECKTIE—CORBATA KOHR-<u>BAH</u>-TAH
NEEDLE—AGUJA AH-<u>GOO</u>-HAH
NEED—NECESITO NEH-SEH-<u>SEE</u>-TOH
NERVOUS—NERVIOSO NEHR-<u>BEEOH</u>-SOH, SAH (F)
NEVER—NUNCA <u>NOON</u>-KAH
NEWSPAPER—PERIODICO PEH-<u>REEOH</u>-DEE-KOH
NEXT—PROXIMO <u>PROHK</u>-SEE-MOH
NIGHT—NOCHE <u>NOH</u>-CHEH **GOOD NIGHT**—BUENAS NOCHES <u>BOOEH</u>-NAHS <u>NOH</u>-CHEHS
NIGHT CLUB—CENTRO NOCTURNO <u>SEHN</u>-TROH NOHK-<u>TOOR</u>-NOH (Mexico)
NINE—NUEVE <u>NOOEH</u>-BEH
NINETEEN—DIECINUEVE DEE/EHS-EE-<u>NOOEH</u>-BEH
NO—NO NOH
NOISE—RUIDO <u>ROOEE</u>-DOH
NOISY—RUIDOSO ROOEE-<u>DOH</u>-SOH
NOON—MEDIODIA MEH-DEEOH-<u>DEE</u>-AH
NOTHING—NADA <u>NAH</u>-DAH
NOTHING ELSE—NADA MAS <u>NAH</u>-DAH MAHS
NOVEMBER—NOVIEMBRE NOH-<u>BEE/EHM</u>-BREH
NOW—AHORA AH-<u>OH</u>-RAH
NUMBER—NUMERO NOO-<u>MEH</u>-ROH
NURSE—ENFERMERA EHN-FEHR-<u>MEH</u>-RAH

OBNOXIOUS—ODIOSO OH-<u>DEEOH</u>-SOH also LATOSO LAH-<u>TOH</u>-SOH (Mexico)
OCCUPIED (in use)—OCUPADO OH-KOO-<u>PAH</u>-DOH
OCTOBER—OCTUBRE OHK-<u>TOO</u>-BREH
OF—DE DEH
OFFICIAL—OFICIAL OH-FEE-<u>SEEAHL</u>
OFFICER (policeman)—OFICIAL DE POLICIA OH-FEE-<u>SEEAHL</u> DEH POH-LEE-<u>SEE</u>-AH
OIL—ACEITE AH-<u>SAY</u>-TEH

OLIVE—ACEITUNA AH-SAY-<u>TOO</u>-NAH

ONE—UNO <u>OO</u>-NOH

ONION—CEBOLLA SEH-<u>BOH</u>-YAH **NO ONION**—SIN CEBOLLA SEEN SEH-<u>BOH</u>-YAH

OPEN—ABIERTO AH-<u>BEE</u>/EHR-TOH

OPERATOR (phone)—OPERADORA OH-PEH-RAH-<u>DOH</u>-RAH **AN ENGLISH SPEAKING OPERATOR**—OPERADORA QUE HABLE INGLES OH-PEH-RAH-<u>DOH</u>-RAH KEH <u>AH</u>-BLEH <u>EEN</u>-GLEHS

ORANGE—NARANJA NAH-<u>RAHN</u>-HAH

ORANGE JUICE—JUGO DE NARANJA <u>HOO</u>-GOH DEH NAH-<u>RAHN</u>-HAH

OUR, OURS—NUESTRO <u>NOOEHS</u>-TROH

OUT OF ORDER—DESCOMPUESTO DEHS-KOHM-<u>POOEHS</u>-TOH

OVERCHARGE—CARGO DE MAS <u>KAHR</u>-GOH DEH MAHS

OVERCOOKED—MUY COCIDO MOOEE KOH-<u>SEE</u>-DOH

OWE—DEBER DEH-<u>BEHR</u>, **HOW MUCH DO I OWE YOU?**—CUANTO LE DEBO? <u>KOOAHN</u>-TOH LEH <u>DEH</u>-BOH?

PACKAGE—PAQUETE PAH-<u>KEH</u>-TEH

PAID—PAGADO PAH-<u>GAH</u>-DOH, **TO PAY**—PAGAR PAH-<u>GAHR</u>

PAIN—DOLOR DOH-<u>LOHR</u>

PANTS—PANTALONES PAHN-TAH-<u>LOH</u>-NEHS

PAPER—PAPEL PAH-<u>PEHL</u>

PARDON—PERDÓN PEHR-<u>DOHN</u>

PART—PARTE <u>PAHR</u>-TEH

PARTY—FIESTA <u>FEE/EHS</u>-TAH

PASSENGER—PASAJERO PAH-SAH-<u>HEH</u>-ROH, RAH (F)

PASSPORT—PASAPORTE PAH-SAH-<u>POHR</u>-TEH

PASTRY (assorted Mexican pastries)—PAN DULCE PAHN <u>DOOL</u>-SEH (Mexico)

PEN—PLUMA <u>PLOO</u>-MAH

PEPPER—PIMIENTA PEE-<u>MEE</u>/EHN-TAH

PERFECT—PERFECTO PEHR-<u>FEHK</u>-TOH

PERFUME—PERFUME PEHR-<u>FOO</u>-MEH
PERSON—PERSONA PEHR-<u>SOH</u>-NAH
PHARMACY—FARMACIA FAHR-<u>MAH</u>-SEEAH
PHOTOGRAPH—FOTO <u>FOH</u>-TOH
PIE—PASTEL PAHS-<u>TEHL</u>
PINK—COLOR DE ROSA KOH-<u>LOHR</u> DE <u>ROH</u>-SAH
PLATE—PLATO <u>PLAH</u>-TOH
PLEASE—POR FAVOR POHR FAH-<u>BOHR</u>
POLICE—POLICIA POH-LEE-<u>SEE</u>-AH
POLICE OFFICER—OFICIAL OH-FEE-<u>SEEAHL</u> (also) SEÑOR OFICIAL SEH-<u>NYOHR</u> OH-FEE-<u>SEEAHL</u> (better)
POOL (swim)—ALBERCA AHL-<u>BEHR</u>-KAH (Mexico)
PORK—PUERCO POOEHR-KOH
POSSIBLE—POSIBLE POH-<u>SEE</u>-BLEH
POSTAGE STAMP—ESTAMPILLA EHS-TAHM-<u>PEE</u>-YAH
POST CARD—TARJETA POSTAL TAHR-<u>HEH</u>-TAH POHS-<u>TAHL</u>
POST OFFICE—CORREO KOH-<u>RREH</u>-OH
POTATO—PAPA <u>PAH</u>-PAH (Mexico)
PREGNANT—ENCINTA EHN-<u>SEEN</u>-TAH
PREPAY—PAGAR POR ADELANTADO PAH-<u>GAHR</u> POHR AH-DEH-LAHN-<u>TAH</u>-DOH
PRESCRIPTION—RECETA REH-<u>SEH</u>-TAH
PRESS (iron)—PLANCHAR PLAHN-<u>CHAHR</u>
PRESSURE (high blood)—ALTA PRESIÓN <u>AHL</u>-TAH PREH-<u>SEEOHN</u>
PRETTY—BONITO (M) BOH-<u>NEE</u>-TOH, BONITA (F) BOH-<u>NEE</u>-TAH
PRICE—PRECIO <u>PREH</u>-SEEOH
PROBLEM—PROBLEMA PROH-<u>BLEH</u>-MAH, **THERE IS NO PROBLEM**—NO HAY PROBLEMA NOH AHEE PROH-<u>BLEH</u>-MAH, **IT IS NOT A PROBLEM**—NO ES PROBLEMA NOH EHS PROH-<u>BLEH</u>-MAH
PROOF—PRUEBA PROOEH-BAH
PUMP (water)—BOMBA DE AGUA <u>BOHM</u>-BAH DEH <u>AH</u>-GOOAH
PUMP (gas)—BOMBA DE LA GASOLINA <u>BOHM</u>-BAH DEH LAH GAH-SOH-<u>LEE</u>-NAH

PUNCTURE (tire)—PONCHADURA POHN-CHA-<u>DOO</u>-RAH (Mexico)
PURPLE—MORADO MOH-<u>RAH</u>-DOH
PURSE (hand)—BOLSA DE MANO <u>BOHL</u>-SAH DEH <u>MAH</u>-NOH

QUESTION—PREGUNTA PREH-<u>GOON</u>-TAH
QUICK, QUICKLY—PRONTO <u>PROHN</u>-TOH
QUIET—QUIETO <u>KEE/EH</u>-TOH, TRANQUILO TRAHN-<u>KEE</u>-LOH

RADIATOR—RADIADOR RAH-DEEAH-<u>DOHR</u>
RADIO—RADIO <u>RAH</u>-DEEOH
RAILROAD STATION—ESTACIÓN DEL TREN EHS-TAH-<u>SEEOHN</u> DEHL TREHN
RAIN—LLUVIA <u>YOO</u>-BEEAH
RATE—TARIFA TAH-<u>REE</u>-FAH
RATE OF EXCHANGE—TIPO DE CAMBIO <u>TEE</u>-POH DEH <u>KAHM</u>-BEEOH
RATHER (have)—PREFERIR PREH-FEH-<u>REER</u>
RAZOR—NAVAJA DE AFEITAR NAH-<u>BAH</u>-HAH DEH AH-<u>FEH/EE</u>-TAHR
RAZOR BLADES—HOJAS DE AFEITAR <u>OH</u>-HAHS DEH AH-<u>FEH/EE</u>-TAHR
READY (to be)—ESTAR LISTO EHS-<u>TAHR</u> <u>LEES</u>-TOH
REASONABLE—RAZONABLE RAH-SOH-<u>NAH</u>-BLEH
RECEIPT—RECIBO REH-<u>SEE</u>-BOH
RECOMMEND—RECOMENDAR REH-KOH-MEHN-<u>DAHR</u>
RED—ROJO <u>ROH</u>-HOH
REFUND—REEMBOLSO REH-EHM-<u>BOHL</u>-SOH
REFUSE—REHUSAR REH-OO-<u>SAHR</u>
REGISTER (a letter)—CERTIFICAR SEHR-TEE-FEE-<u>KAHR</u>
REGULATION—REGLAMENTO REH-GLAH-<u>MEHN</u>-TOH
RENEW—RENOVAR REH-NOH-<u>BAHR</u>
RENT—RENTAR REHN-<u>TAHR</u>
REPAIR (to)—REPARAR REH-PAH-<u>RAHR</u>
REPEAT—REPETIR REH-PEH-<u>TEER</u>
REPLY—RESPUESTA REHS-<u>POOEHS</u>-TAH

RESERVATION—RESERVACIÓN REH-SEHR-BAH-SEEOHN
RESPONSIBLE—RESPONSABLE REHS-POHN-SAH-BLEH
REST—DESCANSO DEHS-KAHN-SOH
RESTAURANT—RESTAURANTE REHS-TAHOO-RAHN-TEH
REST ROOM—BAÑO BAH-NYOH (Mexico)
RETURN—REGRESO REH-GREH-SOH
RICE—ARROZ AH-RROHS
RIDE—PASEO PAH-SEHOH
RIGHT—CORRECTO KOH-RREHK-TOH, **TO BE RIGHT**—TENER RAZÓN TEH-NEHR RAH-SOHN, **ALL RIGHT**—MUY BIEN MOOEE BEE/EHN
RIGHT (direction)—DERECHA DEH-REH-CHAH
ROAD—CAMINO KAH-MEE-NOH
ROAD MAP—MAPA MAH-PAH
ROLL (bread)—BOLILLO BOH-LEE-YOH (Mexico, French bread)
ROUND TRIP—VIAJE REDONDO BEEAH-HEH REH-DOHN-DOH
RUDE—GROSERO GROH-SEH-ROH, RAH (F)
RUM—RON ROHN, **RUM AND COKE**—RON CON COCA ROHN KOHN KOH-KAH (a very popular drink in Mexico)

SALAD—ENSALADA EHN-SAH-LAH-DAH
SALON (beauty)—SALON DE BELLEZA SAH-LOHN DEH BEH-YEH-SAH
SANDWICH—(same in Mexico)
SALT—SAL SAHL, **SALTY**—SALADO SAH-LAH-DOH
SAME—MISMO MEES-MOH, **THE SAME**—LO MISMO LOH MEES-MOH
SATURDAY—SABADO SAH-BAH-DOH
SAUCE—SALSA SAHL-SAH
SAUCE (catsup)—SALSA DE TOMATE SAHL-SAH DEH TOH-MAH-TEH
SAUCE (hot)—SALSA PICANTE SAHL-SAH PEE-KAHN-TEH
SEA—MAR MAHR

SEA FOOD—MARISCOS MAH-<u>REES</u>-KOHS
SEASICK—MAREADO MAH-<u>REHAH</u>-DOH, DAH (F)
SEAT—ASIENTO AH-<u>SEE/EHN</u>-TOH
SECOND CLASS—SEGUNDA CLASE SEH-<u>GOON</u>-DAH <u>KLAH</u>-SEH
SELL—VENDER BEHN-<u>DEHR</u>
SEPARATE—SEPARADO SEH-PAH-<u>RAH</u>-DOH, DAH (F)
SEPTEMBER—SEPTIEMBRE SEHP-<u>TEE/EHM</u>-BREH
SEVEN—SIETE <u>SEE/EH</u>-TEH
SEVENTEEN—DIECISIETE DEE-EHS-EE-<u>SEE/EH</u>-TEH
SHADE—SOMBRA <u>SOHM</u>-BRAH
SHAMPOO—CHAMPU CHAHM-<u>POO</u>
SHAWL—CHAL CHAHL
SHE—ELLA <u>EH</u>-YAH
SHINE (shoes)—BOLEAR BOH-<u>LEHAHR</u> (Mexico)
SHIRT—CAMISA KAH-<u>MEE</u>-SAH
SHOE—ZAPATO SAH-<u>PAH</u>-TOH
SHOESTORE—ZAPATERIA SAH-PAH-TEH-<u>REEAH</u>
SHOPPING (to go)—IR DE COMPRAS EER DEH <u>KOHM</u>-PRAHS
SHOWER—REGADERA REH-GAH-<u>DEH</u>-RAH (Mexico)
SHRIMP—CAMARÓN KAH-MAH-<u>ROHN</u>
SICK—ENFERMO EHN-<u>FEHR</u>-MOH, MAH (F)
SIGNATURE—FIRMA <u>FEER</u>-MAH
SILVER—PLATA <u>PLAH</u>-TAH
SIR—SEÑOR SEH-<u>NYOHR</u>
SISTER—HERMANA EHR-<u>MAH</u>-NAH
SIX—SEIS <u>SEH</u>-EES
SIXTEEN—DIECISEIS DEE/EHS-EE-<u>SEH/EES</u>
SIXTY—SESENTA SEH-<u>SEHN</u>-TAH
SIZE—TAMAÑO TAH-<u>MAH</u>-NYOH, MEDIDA (shoes) MEH-<u>DEE</u>-DAH
SIZE (clothing)—TALLA <u>TAH</u>-YAH
SKIRT—FALDA <u>FAHL</u>-DAH
SLEEP—SUEÑO <u>SOOEH</u>-NYOH, **I AM SLEEPY**—TENGO SUEÑO <u>TEHN</u>-GOH <u>SOOEH</u>-NYOH
SLEEPING CAR—CARRO CAMA <u>KAH</u>-RROH <u>KAH</u>-MAH
SMALL—CHICO <u>CHEE</u>-KOH (Mexico)

SMART—LISTO <u>LEES</u>-TOH, <u>LEES</u>-TAH (F)
SMOKE (tobacco)—FUMAR FOO-<u>MAHR</u> **IS SMOKING ALLOWED HERE?**—SE PERMITE FUMAR AQUI? SEH PEHR-<u>MEE</u>-TEH FOO-<u>MAHR</u> <u>AH</u>-KEE?
SOAP—JABON HAH-<u>BOHN</u>
SODA WATER—AGUA MINERAL <u>AH</u>-GOOHA MEE-NEH-<u>RAHL</u> (very popular beverage in Mexico)
SON—HIJO <u>EE</u>-HOH
SOON—PRONTO <u>PROHN</u>-TOH
SORE (it is)—DUELE <u>DOOEH</u>-LEH
SORRY (I am)—LO SIENTO LOH <u>SEE/EHN</u>-TOH
SOUP—SOPA <u>SOH</u>-PAH
SOUVENIR—RECUERDO REH-KOO<u>EHR</u>-DOH
SPICY—PICANTE PEE-<u>KAHN</u>-TEH
SPOON—CUCHARA KOO-<u>CHA</u>-RAH
STARCH (laundry)—ALMIDÓN AHL-MEE-<u>DOHN</u>
STARTER (car)—MARCHA <u>MAHR</u>-CHA (Mexico)
STARTER (car)—ARRANQUE AH-<u>RRAHN</u>-KEH
STING—PICAR PEE-<u>KAHR</u>
STEAL—ROBAR ROH-<u>BAHR</u>
STOP (to)—PARAR PAH-<u>RAHR</u>
STOP (sign)—ALTO <u>AHL</u>-TOH
STOP (bus)—PARADA PAH-<u>RAH</u>-DAH
STRAIGHT—DERECHO DEH-<u>REH</u>-CHO
STREET—CALLE <u>KAH</u>-YEH
STUDENT—ESTUDIANTE EHS-TOO-<u>DEEAHN</u>-TEH
SUGAR—AZUCAR AH-<u>SOO</u>-KAHR
SUIT—TRAJE <u>TRAH</u>-HEH
SUIT (swim)—TRAJE DE BAÑO <u>TRAH</u>-HEH DEH <u>BAH</u>-NYOH
SUITCASE—MALETA MAH-<u>LEH</u>-TAH
SUN—SOL SOHL
SUN GLASSES—LENTES PARA EL SOL <u>LEHN</u>-TEHS <u>PAH</u>-RAH EHL SOHL
SUNBURN—QUEMADO KEH-<u>MAH</u>-DOH, DAH (F)
SUNDAY—DOMINGO DOH-<u>MEEN</u>-GOH
SWIM—NADAR NAH-<u>DAHR</u>

TABLE—MESA <u>MEH</u>-SAH
TAILOR—SASTRE <u>SAHS</u>-TREH
TAKEN—OCUPADO OH-KOO-<u>PAH</u>-DOH
TASTY—SABROSO SAH-<u>BROH</u>-SOH
TAXI—(same) also LIBRE <u>LEE</u>-BREH
TEA—TE TEH
TEA (iced)—TE HELADO TEH EH-<u>LAH</u>-DOH
TELEGRAM—TELEGRAMA TEH-LEH-<u>GRAH</u>-MAH
TELEPHONE—TELEFONO TEH-<u>LEH</u>-FOH-NOH
TEN—DIEZ DEE/EHS
THANK YOU—GRACIAS <u>GRAH</u>-SEEAHS
THESE—ESTOS <u>EHS</u>-TOHS, <u>EHS</u>-TAHS (F)
THIRST—SED SEHD, **TO BE THIRSTY**—TENER SED TEH-<u>NEHR</u> SEHD, **I AM THIRSTY**—TENGO SED <u>TEHN</u>-GOH SEHD
THIRTEEN—TRECE <u>TREH</u>-SEH
THIRTY—TREINTA <u>TREH/EEN</u>-TAH
THIS—ESTE <u>EHS</u>-TEH
THREE—TRES TREHS
THROAT—GARGANTA GAHR-<u>GAHN</u>-TAH (G as in GO)
THURSDAY—JUEVES <u>HOOEH</u>-BEHS
TICKET—BOLETO BOH-<u>LEH</u>-TOH (Mexico)
TIME—TIEMPO <u>TEE/EHM</u>-POH, **WHAT TIME IS IT?**—QUE HORAS SON? KEH <u>OH</u>-RAHS SOHN? (Mexico), **ON TIME**—A TIEMPO AH <u>TEE/EHM</u>-POH
TIMETABLE—HORÁRIO OH-<u>RAH</u>-REEOH
TIP (money)—PROPINA PROH-<u>PEE</u>-NAH
TIRE (car)—LLANTA <u>YAHN</u>-TAH, **FLAT TIRE**—LLANTA PONCHADA <u>YAHN</u>-TAH POHN-<u>CHAH</u>-DAH (Mexico)
TIRED—CANSADO (A) KAHN-<u>SAH</u>-DOH, DAH (F)
TO—A AH
TOAST (bread)—PAN TOSTADO PAHN TOHS-<u>TAH</u>-DOH
TODAY—HOY OHEE
TOGETHER—JUNTOS <u>HOON</u>-TOHS
TOILET—BAÑO <u>BAH</u>-NYOH (Mexico)
TOILET PAPER—PAPEL DEL BAÑO PAH-<u>PEHL</u> DEHL <u>BAH</u>-NYOH
TOMORROW—MAÑANA MAH-<u>NYAH</u>-NAH

TONIGHT—ESTA NOCHE <u>EHS</u>-TAH <u>NOH</u>-CHEH
TOOTHACHE—DOLOR DE MUELAS DOH-<u>LOHR</u> DEH <u>MOOEH</u>-LAHS
TOOTHPASTE—PASTA PARA LOS DIENTES <u>PAHS</u>-TAH <u>PAH</u>-RAH LOHS <u>DEE/EHN</u>-TEHS
TOWEL—TOALLA <u>TOHAH</u>-YAH
TOWN—PUEBLO <u>POOEH</u>-BLOH
TOW—REMOLCAR REH-MOHL-<u>KAHR</u>
TRANSLATE—TRADUCIR TRAH-DOO-<u>SEER</u>
TRANSLATOR—TRADUCTOR TRAH-DOOK-<u>TOHR</u>
TRANSMISSION—TRANSMISIÓN TRAHNS-MEE-<u>SEEOHN</u>
TRANSPORTATION—TRANSPORTE TRAHNS-<u>POHR</u>-TEH
TRAVELER'S CHECK—CHEQUE DE VIAJERO <u>CHEH</u>-KEH DEH BEEAH-<u>HEH</u>-ROH
TRY ON—PROBAR PROH-<u>BAHR</u>
TUESDAY—MARTES <u>MAHR</u>-TEHS
TURN—VUELTA <u>BOOEHL</u>-TAH
TUXEDO—SMOKING (like smoking jacket)
TWELVE—DOCE <u>DOH</u>-SEH
TWENTY—VEINTE <u>BEHEEN</u>-TEH
TWO—DOS DOHS

ULCER—ULCERA <u>OOL</u>-SEH-RAH
UMBRELLA—PARAGUAS PAH-<u>RAH</u>-GOOAHS
UNCOMFORTABLE—INCOMODO EEN-<u>KOH</u>-MOH-DOH
UNDERSHIRT (T shirt)—CAMISETA KAH-MEE-<u>SEH</u>-TAH
  also PLAYERA PLAH-<u>EE/EH</u>-RAH
UNDERSTAND—ENTENDER EHN-TEHN-<u>DEHR</u>
  I UNDERSTAND—LE ENTIENDO
  LEH EHN-<u>TEE/EHN</u>-DOH
UNDERWEAR—ROPA INTERIOR <u>ROH</u>-PAH EEN-TEH-<u>REEOHR</u>
UNPLEASANT—DESAGRADABLE DEH-SAH-GRAH-<u>DAH</u>-BLEH
UP—ARRIBA AH-<u>REE</u>-BAH
UP (as in an elevator, going up)—SUBE <u>SOO</u>-BEH
UNITED STATES—ESTADOS UNIDOS EHS-<u>TAH</u>-DOHS OO-<u>NEE</u>-DOHS

VACANT—LIBRE LEE-BREH
VACATION—VACACIONES BAH-KAH-SEEOH-NEHS
VEGETABLES—VEGETALES BEH-HEH-TAH-LEHS
VEGETARIAN—VEGETARIANO
BEH-HEH-TAH-REEAH-NOH, NAH (F)
VEGETARIAN FOOD—COMIDA VEGETARIANA
KOH-MEE-DAH BEH-HEH-TAH-REEAH-NAH
VERY—MUY MOOEE
VISA (same)

WAIT—ESPERE EHS-PEH-REH
WAITER—MESERO (A) MEH-SEH-ROH, RAH (F) (Mexico)
WAKE UP—DESPERTAR DEHS-PEHR-TAHR
WALK—CAMINAR KAH-MEE-NAHR
WALLET—CARTERA KAHR-TEH-RAH
WANT (I)—QUIERO KEE/EH-ROH
WARM—CALIENTE KAH-LEE/EHN-TEH
WASH—LAVAR LAH-BAHR
WATCH—RELOJ REH-LOH
WATER—AGUA AH-GOOAH
WATER (safe for drinking)—AGUA POTABLE AH-GOOAH
POH-TAH-BLEH
WATER (unsafe for drinking)—AGUA NO POTABLE
AH-GOOAH NOH POH-TAH-BLEH
WATERFALL—CASCADA KAHS-KAH-DAH
WE—NOSOTROS (AS) NOH-SOH-TROHS, TRAHS (F)
WEATHER—TIEMPO TEE/EHM-POH
WEDNESDAY—MIERCOLES MEE/EHR-KOH-LEHS
WEEK—SEMANA SEH-MAH-NAH
WELCOME—BIENVENIDO(S) BEE/EHN-BEH-NEE-DOH,
DOHS (pl.)
WELCOME (you are)—DE NADA DEH NAH-DAH after
someone says GRACIAS (thank you)
WELL—BIEN BEE/EHN
WELL DONE—MUY BIEN MOOEE BEE/EHN
WHAT—QUE? KEH?
WHAT IS GOING ON?—QUE PASA— KEH PAH-SAH?
WHAT HAPPENED?—QUE PASO? KEH PAH-SOH?

WHERE?—DONDE? <u>DOHN</u>-DEH?
WHERE IS IT?—DONDE ESTA? <u>DOHN</u>-DEH EHS-<u>TAH</u>?
WHITE—BLANCO <u>BLAHN</u>-KOH
WHO?—QUIEN? KEE/EHN?
WHY?—PORQUE? POHR-<u>KEH</u>?
WIFE—ESPOSA EHS-<u>POH</u>-SAH
WINE—VINO <u>BEE</u>-NOH
WINE (red)—VINO TINTO <u>BEE</u>-NOH <u>TEEN</u>-TOH
WHITE WINE—VINO BLANCO <u>BEE</u>-NOH <u>BLAHN</u>-KOH
WITH—CON KOHN
WITHOUT—SIN SEEN
WOMAN—MUJER MOO-<u>HEHR</u>
WOOL—LANA <u>LAH</u>-NAH
WORRIED—PREOCUPADO PREH-OH-KOO-<u>PAH</u>-DOH, DAH (F)
WORSE—PEOR PEH-<u>OHR</u>
WORTH—VALOR BAH-<u>LOHR</u>
WORTH (very much)—DE MUCHO VALOR DEH <u>MOO</u>-CHO BAH-<u>LOHR</u>
WOUND (injury)—HERIDA EH-<u>REE</u>-DAH
WRAP UP—ENVOLVER EHN-BOHL-<u>BEHR</u>
WRITE—ESCRIBIR EHS-KREE-<u>BEER</u>
WRITE IT IN SPANISH—ESCRIBALO EN ESPAÑOL EHS-<u>KREE</u>-BAH-LOH EHN EHS-PAH-<u>NYOHL</u>
WRITING PAPER—PAPEL DE ESCRIBIR PAH-<u>PEHL</u> DEH EHS-KREE-<u>BEER</u>
WRONG—EQUIVOCADO EH-KEE-BOH-<u>KAH</u>-DOH, DAH (F)
WRONG (you are)—ESTA EQUIVOCADO EHS-<u>TAH</u> EH-KEE-BOH-<u>KAH</u>-DOH, DAH (F)
WRONG (I am)—ESTOY EQUIVOCADO EHS-<u>TOHEE</u> EH-KEE-BOH-<u>KAH</u>-DOH, DAH (F)

YARD—PATIO <u>PAH</u>-TEEOH
YELLOW—AMARILLO AH-MAH-<u>REE</u>-YOH
YES—SI SEE
YESTERDAY—AYER AH-<u>EE</u>/<u>EHR</u>
YOU—USTED OOS-<u>TEHD</u> (formal)

YOUNG—JOVEN <u>HOH</u>-BEHN (JOVEN is a word commonly used in Mexico to refer to a young man, also to summon same)

YOUR—SU SOO (formal)

YOURS—SUYO <u>SOO</u>-EEOH (formal)

YOURS (it's yours, as when giving a tip)—PARA USTED <u>PAH</u>-RAH OOS-<u>TEHD</u> (formal)

NOTES

NOTES

NOTES

NOTES

NOTES

NOTES

NOTES

NOTES

NOTES

OTHER TITLES AVAILABLE FROM VISTA PRESS

_____SPANISH IN THE WORKPLACE $ 5.95

With a simple format designed with the workplace in mind, this book includes problem solving & general communication on the job. It includes a dictionary of words and phrases to help you communicate in Spanish with your co-workers or employees.

**_____THE BANTAM NEW COLLEGE $ 4.95
SPANISH & ENGLISH DICTIONARY**

Completely revised with over 80,000 entries. The most up to-date dictionary of its kind, this book contains ã Spanish grammar guide & over 3,000 new terms, idioms, & phrases.

**_____HARRAP'S CONCISE DICTIONARY $ 4.99
SPANISH/ENGLISH - ENGLISH/SPANISH**

All new and completely up-to-date treatment of the language with over 115,000 entries. Contains thousands of examples of idiomatic and colloquial usage, as well as scientific and technical vocabulary. The best buy for home, school, or office.

**_____SIGNET'S NEW WORLD DICTIONARY $ 5.50
SPANISH/ENGISH ENGLISH/SPANISH**

For the traveler, student, linguist, layman, a practical index to living English and Spanish. With a selective labeling of meanings to indicate the best choice of equivalents and over 70,000 entries and 1226 easy to read pages.

**_____UNIV. OF CHICAGO DICTIONARY $ 8.95
SPANISH/ ENGLISH-ENGLISH/SPANISH**

Welcomed by teachers, students, & travelers, this revised and enlarged 4th edition contains a new section on the history of the Spanish language. There is an addition of two thousand new scientific, technical, vocational, & computer technology terms.

VISTA PRESS
2211 S. Union Ave.
Los Angeles, CA 90007

Please send the books checked above. I am enclosing $_____. Please add $3.50 for the first book and .75 for each additional book for postage and handling. California residents add 8.25% tax. Send check or money order - no cash or C.O.D.'s. Allow 3-4 weeks for delivery.

Name_____
Address_____
City_____State_____Zip_____

NOTES

Books and Guides to
HOLLYWOOD
GOSSIP – SCANDALS
MURDERS – GRAVES

THIS IS HOLLYWOOD $4.95

The only guide to Hollywood that contains maps & addresses to hundreds of interesting sites including haunted star homes, star graves, murder sites, famous star homes, old star hangouts, suicide sites, historical sites, walking tours, & much more!

PERMANENT ADDRESSES: $12.95
GUIDE TO THE RESTING PLACES OF FAMOUS AMERICANS

A unique reference book to American cemeteries and their famous occupants. From Humphrey Bogart to Al Capone–the grave locations of over 1000 of America's famous and infamous can be found here. The 290 pages are cross-referenced by state with directions to the actual grave sites.

WALK OF FAME DIRECTORY $12.95
A WALKING GUIDE, DIRECTORY, AND MAP:

Finally a book that answers all the questions you ask when you're on the Walk of Fame. A well researched and excellent compilation of obscure information which chronicles Hollywood's historical personalities.

TV BABYLON by Jeff Rovin $4.99

The terrifying, and outrageous truth behind the headlines. For the first time, one book reveals the whole truth about the sex, drugs, murder and suicide of TV stars. Over 60 stars featured with 60 photos.

HOLLYWOOD BABYLON by Kenneth Anger $6.95

Originally published in underground Paris and known as the classic of Hollywood's darkest & best kept secrets. Few headstones were left unturned unearthing the real stories behind the headlines of Hollywood's scandals, secrets, & murders. 306 pages with hundreds of photos.

MARILYN–THE LAST TAKE $6.50
by Harry Brown and Patte Barham

This fascinating book explores Marilyn Monroe's affairs with the Kennedy's and the mysteries surrounding her death, with updated and shocking revelations about Marilyn's final hours.

VISTA PRESS
2211 S. Union Ave.
Los Angeles, CA 90007

Please send the books checked above. I am enclosing $_____. Please add $3.50 for the first book and .75 for each additional book for postage and handling. California residents add 8.25% tax. Send check or money order – no cash or C.O.D.'s. Allow 3-4 weeks for delivery.

Name_____

Address_____

City_____State_____Zip_____

NOTES